Die Prozeßführung

der

im ordentlichen gesetzlichen Güterstand lebenden Ehefrau.

Von

Paul Rudolf Scheppler,

Dr. jur. et rer. pol.

München und Berlin
J. Schweitzer Verlag (Arthur Sellier).
1909.

Vorwort.

Die vorliegende Schrift bezweckt unter eingehender Benützung der in den verschiedensten Zeitschriften zerstreuten Abhandlungen, sowie der sonstigen einschlägigen Literatur und Hilfsmittel, insbesondere der Kommentare und des Buches von Ullmann über das gesetzliche eheliche Güterrecht, endlich auch unter Verwertung der noch ziemlich spärlichen Rechtsprechung, eine rasche Orientierung über die Prozeßführung der in Verwaltungsgemeinschaft lebenden Ehefrau zu ermöglichen. Möge dieser Zweck erreicht sein.

Würzburg, im Februar 1909.

Der Verfasser.

Inhaltsübersicht.

Verzeichnis der benützten Literatur.

Motive zu dem Entwurfe eines bürgerlichen Gesetzbuches für das Deutsche Reich. Amtliche Ausgabe.

Jastrow, Des Recht der Frau nach dem bürgerlichen Gesetzbuch (Berlin 1897).

Planck, Die rechtliche Stellung der Frau nach dem bürgerlichen Gesetzbuch (Göttingen 1899).

Planck, Kommentar zum bürgerlichen Gesetzbuch (3. Aufl.).

Staudinger. Kommentar zum bürgerlichen Gesetzbuch (3./4. Aufl.).

Opet, Familienrecht.

Neumann, Kommentar zum bürgerlichen Gesetzbuch (2. Aufl.).

Cosack, Lehrbuch des deutschen bürgerlichen Rechts (3. Aufl.).

Schröder, Das eheliche Güterrecht (2. Aufl).

Hachenburg, Das bürgerliche Gesetzbuch für das Deutsche Reich, Vorträge (2. Aufl.).

Wieruszowski, Handbuch des Eherechts, Band II.

Staub, Kommentar zum Handelsgesetzbuch (8. Aufl.).

Lehmann und Ring, Kommentar zum Handelsgesetzbuch.

Cosack, Lehrbuch des Handelsrechts (6. Aufl.).

Ullmann. Das gesetzliche eheliche Güterrecht in Deutschland (2. Aufl.).

Gaupp-Stein, Die Zivilprozeßordnung für das Deutsche Reich (8./9. Aufl.).

Seuffert, Kommentar zur Zivilprozeßordnung (10. Aufl.).

Petersen, Die Zivilprozeßordnung für das Deutsche Reich (5. Aufl.).

Hellwig, Anspruch und Klagerecht.

Hellwig, Wesen und subjektive Begrenzung der Rechtskraft.

Kleinfeller, Kommentar zur Konkursordnung (4. Aufl.).

Seuffert, Konkursprozeßrecht.

Jaeger, Kommentar zur Konkursordnung (2. Aufl.) und Lief. 1 der 3 Aufl.

Fitting, Das Reichskonkursrecht (3. Aufl.).

Die weiter benutzte Literatur ist im Text und in den Anmerkungen zitiert.

§ 1.

Einleitung.

Das Bürgerliche Gesetzbuch steht prinzipiell auf dem Standpunkt der völligen Gleichberechtigung von Mann und Frau[1]) und es hat demgemäß eine Frau dieselben Befugnisse in bezug auf Erwerb, Besitz und Ausübung von Rechten, wie ein Mann; das Geschlecht begründet in dieser Hinsicht hinfort keinen Unterschied mehr.

Freilich ist diese Gleichstellung im BGB. nirgends ausgesprochen, allein dennoch ist sie vorhanden und gerade durch das Schweigen des Gesetzes wird sie am schärfsten zum Ausdruck gebracht. Im Gegensatz hiezu enthielt z. B. noch die Gewerbeordnung von 1869 die ausdrückliche Vorschrift: „Frauen, welche selbständig ein Gewerbe betreiben, können in Angelegenheiten ihres Gewerbes selbständig Rechtsgeschäfte abschließen." Das BGB. enthält nicht nur keinen ähnlichen Satz, sondern es hebt die angeführte Bestimmung der Gewerbeordnung sogar ausdrücklich auf[2]). Denn die in der Zwischenzeit zum Siege gelangte Idee der Gleichberechtigung beider Geschlechter hätte den Inhalt des erwähnten Satzes als selbstverständlich und überflüssig erscheinen lassen. Das Gesetz gibt diese Gleichstellung auch nach außenhin kund und spricht gleichmäßig von „Menschen" und „Personen".

Allein völlig rein ist dieser Grundsatz im BGB. nicht durchgeführt und es tritt auch heute noch eine Verschiedenheit in der Behandlung ein, aber nur bei jenen Rechtsverhältnissen, bei denen sich die natürliche Verschiedenheit des Geschlechtes geltend macht. Dies ist der Fall bei der Ehe und dem Verhältnis zwischen Eltern und Kindern.

Was die Ehe, mit welcher wir uns hier allein beschäftigen, anlangt, so basiert auch sie auf dem Grundsatz der Gleichberechtigung von Mann und Frau: die Vorschrift des § 1353 gilt gleichmäßig für beide Ehegatten. Allein dieser Grundsatz schließt nicht aus, daß der historischen Entwicklung und vor allem den praktischen Bedürfnissen entsprechend in manchen Beziehungen eine Oberherrschaft des Mannes anerkannt ist. Man braucht nur auf ein einziges Beispiel zu verweisen, um zu erkennen, daß eine solche

---

[1]) s. M. I S. 26.

[2]) EG. z. BGB. Art. 36 I.

Regelung durchaus notwendig und vernunftgemäß ist. § 1354 sagt: „Dem Manne steht die Entscheidung in allen das gemeinschaftliche eheliche Leben betreffenden Angelegenheiten zu; er bestimmt insbesondere Wohnort und Wohnung". Gerade diese Vorschrift ist der Gegenstand heftigster Anfeindungen gewesen, indem sie mit der selbständigen gleichberechtigten Stellung der Frau für unvereinbar erklärt wurde. Es erhellt jedoch, daß dieser Streit nur ein ganz theoretischer sein kann; denn in Wirklichkeit kann in der Ehe immer nur eine Person entscheiden und diese ist nach christlicher und deutscher Auffassung der Ehemann, das Haupt der Familie.

Ist aber nach dem Gesagten eine tatsächliche Vorherrschaft des Mannes auch in mancher Beziehung anerkannt, so wird man trotzdem finden, daß eine rechtliche Unterordnung der Frau unter den Mann kaum mehr vorhanden ist. Vor allem kann nicht von einer Bevormundung der Frau durch ihren Ehemann gesprochen werden; denn das BGB. kennt weder die mittelalterliche Geschlechtsvormundschaft über die Frau als solche, noch eine dem Ehemann als solchem zustehende Gewalt oder Vormundschaft (mundium maritale) über seine Ehefrau. Denn der Vormund vertritt sein Mündel grundsätzlich in allen Angelegenheiten, so daß ein selbständiges Handeln desselben ausgeschlossen ist, während die Suprematie des Mannes nur in ganz bestimmten Punkten besteht, so daß regelmäßig die Betätigungsfreiheit der Frau keiner Beschränkung unterliegt. Die Ansicht Cosacks[1]), die Ehefrau sei unmündig und als Vormund sei ihr von Gesetzes wegen ihr Ehemann bestellt, ist demgemäß als unrichtig zu verwerfen.

Die Frau erleidet vielmehr durch ihre Eigenschaft als Ehefrau nach dem BGB. durchaus keine Beschränkung ihrer Geschäftsfähigkeit und ebensowenig tritt eine solche durch irgendeinen Güterstand ein. Nur ist dies, wie schon eingangs erwähnt, nirgends ausgesprochen. Der bei den Beratungen der II. Kommission gestellte Antrag auf ausdrückliche Hervorhebung im Gesetze, wurde im Hinblick auf die Entbehrlichkeit einer solchen Bestimmung abgelehnt.[2])

§ 2.

Recht der Ehefrau zur Prozeßführung im allgemeinen.

Die prozeßrechtliche Stellung der Frau ist durch § 52 ZPO. geregelt. Er lautet:

„Eine Person ist insoweit prozeßfähig, als sie sich durch Verträge verpflichten kann. Die Prozeßführung einer Frau wird dadurch, daß sie Ehefrau ist, nicht beschränkt".

---

[1]) II § 291 II, e.
[2]) M. IV, 110.

Die Prozeßfähigkeit (persona legitima standi in judicio) ist demnach von der privatrechtlichen Fähigkeit, sich durch Verträge selbständig zu verpflichten, also von der unbeschränkten Geschäftsfähigkeit abhängig gemacht.

Wie oben dargelegt, wird eine Frau weder durch ihre Verheiratung noch durch irgendeinen Güterstand in ihrer Geschäftsfähigkeit beschränkt. Nach wie vor kann sie sich daher durch Verträge verpflichten und ist demgemäß in vollem Umfang prozeßfähig (§ 1399 BGB.). Beschränkungen der Prozeßfähigkeit einer Ehefrau können sich daher nur aus den allgemeinen Grundsätzen ergeben. So kann natürlich eine Ehefrau prozeßunfähig sein, weil sie geschäftsunfähig (§ 104) oder in der Geschäftsfähigkeit beschränkt ist (§§ 106, 114). Andrerseits wiederum kann aber auch eine geschäftsbeschränkte Ehefrau, weil geschäftsfähig, auch prozeßfähig sein, so z. B. als Minderjährige, wenn sie von ihrem gesetzlichen Vertreter mit vormundschaftsgerichtlicher Genehmigung zum selbständigen Betriebe eines Erwerbsgeschäftes ermächtigt ist, hinsichtlich jener Prozesse über solche Rechtsgeschäfte, die der betreffende Geschäftsbetrieb mit sich bringt (§§ 112, 113). Dagegen gilt nicht der Satz, daß Heirat mündig und damit oder überhaupt allgemein geschäftsfähig mache.

Regelmäßig kann also eine Ehefrau ohne Zustimmung ihres Mannes, sowohl als Klägerin, wie als Beklagte einen Rechtsstreit führen.

Dieser Grundsatz gilt ganz ausnahmslos, soweit sich der Prozeß auf das Vorbehaltsgut der Frau bezieht. Hier ist die Frau gar keiner Beschränkung unterworfen. Hierher gehören ferner auch jene Rechtsstreitigkeiten, die überhaupt nicht das Vermögen, sondern rein persönliche Güter betreffen. Dies ist z. B. der Fall, wenn eine Schriftstellerin gegen jemand vorgehen will, der unbefugterweise unter dem gleichen Namen schreibt. Ebenso, wenn ein Frau wegen Beleidigung oder leichter Körperverletzung eine Privatklage erheben will. Zu derartigen Klagen bedarf die Frau keiner Zustimmung. Die Prozeßführung über solche höchstpersönliche Rechte unterliegt völlig ihrem eigenen, freien Ermessen.

Sonderbestimmungen können jedoch im Interesse des in der Ehe jeweils herrschenden Güterstandes geboten erscheinen und solche gelten auch für den Fall, daß es sich um eine Prozeßführung der Frau beim Güterstand der Verwaltung und Nutznießung in Ansehung ihres eingebrachten Gutes handelt. An und für sich wird ja die Frau weder durch die Ehe noch durch irgendeinen Güterstand in ihrer Geschäftsfähigkeit und ebensowenig in ihrer Prozeßfähigkeit beschränkt; die besonderen Verhältnisse des gesetzlichen ehelichen Güterrechts verlangen jedoch einen Schutz der Rechte des Ehemanns gegen die Gefahren, welche ihm erwachsen würden, wenn die Ehefrau ohne seine Einwilligung über das Ehegut direkt oder indirekt (d. i. durch Führung eines Rechtsstreites) verfügen könnte.

Wegen dieses Interesses des Ehemanns an der Erhaltung seiner ihm an dem Ehegute zustehenden Rechte wurde daher die Frau hinsichtlich ihrer Verfügungsmacht, keineswegs jedoch in bezug auf ihre Geschäfts- oder Prozeßfähigkeit gewissen Beschränkungen unterworfen, indem die Wirksamkeit von Verfügungen der Frau über eingebrachtes Gut (= e. G.) nicht nur gegenüber dem Manne, sondern zugunsten eines jeden Dritten von der Einwilligung des Mannes abhängig gemacht wurde (§§ 1395—1398)[1]. Da sich diese Beschränkung der Verfügungsbefugnis der Frau über ihr e. G. lediglich aus dem ehemännlichen Rechte an diesem Vermögen herleitet, so ist die Ehefrau auch nur insoweit beschränkt, als die volle Anerkennung des Grundsatzes der unbeschränkten Verfügungsbefugnis zu einer Kollision mit dem Rechte des Mannes führen und dieses illusorisch machen würde. Die Wirkung dieser Vorschrift ist die, daß jene Verfügungen, welche diese Schranken überschreiten, unwirksam sind (§§ 1395, 1400). Gerade durch diesen Eintritt der Unwirksamkeit, nicht der Nichtigkeit, erhellt deutlich, daß es sich hier um einen Mangel der Fähigkeit nicht handelt. Hieraus folgt, daß es für das Auftreten einer Frau im Prozesse besondere prozessuale Vorschriften nicht mehr gibt[2]). Die Ausführung des § 52 Abs. 2 ZPO. ist deshalb für die Ehefrau nach BGB. von keiner Bedeutung mehr und daher überflüssig. Bei ihr kommt einzig und allein die Frage nach der Sachlegitimation in Betracht, welche von der Prozeßfähigkeit scharf zu unterscheiden ist. Denn während Prozeßfähigkeit die prozessuale Geschäftsfähigkeit ist, d. h. die Fähigkeit einer Partei oder eines Dritten, z. B. Nebeninterventienten, selbst oder durch gewillkürte Vertreter prozessuale Handlungen vor- oder entgegenzunehmen, so versteht man unter Sachlegitimation (legitimatio ad causam) nichts anderes als die aus einem, wenn auch begrenzten Rechte am Streitgegenstande hervorgehende Befugnis zur prozessualen Geltendmachung.

Der zwischen Prozeßfähigkeit und Sachlegitimation bestehende Gegensatz[3]) äußert sich namentlich darin, daß die Sachlegitimation keine Prozeßvoraussetzung ist, sondern nur ein Teil, nämlich die subjektive Seite des Klagegrundes. Ihr Vorhandensein erfährt keine Prüfung von Amts wegen und ihr Mangel hat ein klageabweisendes Sachurteil zur Folge. Der Wegfall der Sachlegitimation ist ferner kein Prozeßunterbrechungsgrund, sondern im wichtigsten Falle ohne Einfluß auf den Prozeß (§ 265 ZPO.).

Wird nun die Verfügungsmacht der Frau mit Rücksicht auf die güterrechtlichen Verhältnisse des Mannes mehrfach beschränkt,

---

[1]) s. M. IV S. 222 ff. RGE. LIV, S. 46.

[2]) Gaupp-Stein I S. 154 f.; Hellwig, Anspr. S. 208.

[3]) In der Literatur wird dieser Unterschied häufig dahin präzisiert, daß die Prozeßfähigkeit „Verfügungsfähigkeit", die Sachlegitimation „Verfügungsbefugnis" bedeute. Rosenthal („Die Sachlegitimation" Diss. München 1903) will für erstere „Verpflichtungsfähigkeit", für letztere „Vertragsverpflichtungsfähigkeit" gesetzt wissen.

so ist dies in gleicher Weise auch mit ihrer prozessualen Sachlegitimation der Fall und es entzieht ihr daher der ordentliche Güterstand der Verwaltung und Nutznießung die Verfügungsbefugnis und Sachlegitimation hinsichtlich bestimmter Vermögensmassen in der Weise, daß sie Gegenstände dieser Massen nicht selbständig verhaften und im Prozesse geltend machen kann.

Für die Führung eines Rechtsstreites durch eine Ehefrau kommt daher nur die Frage nach ihrer aktiven und passiven Sachlegitimation in Betracht und lediglich die materielle Frage, ob der Frau im konkreten Falle das Recht zur Prozeßführung zusteht, ist zu beachten. Auch § 1394 BGB., der die Frau in der Geltendmachung ihrer Ansprüche gegen den Mann in gewisser Hinsicht beschränkt, indem er ihr regelmäßig die gerichtliche Geltendmachung jener Ansprüche, die ihr auf Grund der Verwaltung und Nutznießung gegen den Mann zustehen, erst nach der Beendigung der Verwaltungsgemeinschaft möglich macht, hat mit der Prozeßfähigkeit nichts zu tun; denn er versagt nicht nur das eigene Handeln, sondern das Handeln ganz allgemein. Auch durch einen gesetzlichen Vertreter können diese Ansprüche nicht geltend gemacht werden. Es wurde diese Beschränkung der Frau durch die II. Kommission auch lediglich in der Erwägung getroffen, „daß es mit der Selbständigkeit der Verwaltung des Mannes nicht vereinbar sei, wenn die Frau wegen jeder angeblichen Verletzung seiner Verpflichtung zur ordnungsmäßigen Verwaltung ihn nötigen könne, die Meinungsverschiedenheiten vor Gericht zum Ausdruck zu bringen"; man wollte nicht „die Frau rechtlos machen, sondern ihr lediglich die Beschreitung des Rechtswegs nur in solchen Fällen ermöglichen, in denen ein ernstliches Interesse der Frau dies erfordere".[1])

Für die vor dem 1. Januar 1900 abgeschlossenen Ehen gilt an sich das alte Güterrecht weiter (Art. 200 EG. z. BGB.) und das Güterrecht des BGB. findet auf sie keine Anwendung. Jedoch ist es (nach Art. 218 EG. z. BGB.) der Landesgesetzgebung anheimgestellt worden, das alte Güterrecht in das neue überzuleiten. Von dieser Bestimmung wurde auch weitgehender Gebrauch gemacht und die im Interesse der Verkehrssicherheit und Rechtseinheit gleichmäßig erwünschte Ueberleitung ist inzwischen in fast allen deutschen Einzelstaaten erfolgt.[2]) So namentlich in Preußen und Bayern (Art. 19—31, 62—104, 124—140 UebG.). Die Ueberleitung besteht darin, daß an Stelle des bisherigen Güterstandes derjenige des BGB. gesetzt wird, der dem bisherigen in seinem Wesen, wenn auch nicht dem Namen nach, am nächsten steht. So ist z. B. das gemeinrechtliche Dotalrecht in die neue

---

[1]) P. IV S. 202.

[2]) Nur Württemberg und Baden haben die Ueberleitung grundsätzlich abgelehnt.

Verwaltungsgemeinschaft übergeleitet, weil das Dotalrecht in tatsächlicher Uebung der Verwaltungsgemeinschaft ähnlicher war als der Gütertrennung.

Wo aber eine solche Ueberleitung nicht stattgefunden hat, da bleibt das bisherige Recht auch insofern in Geltung, als es die Ehefrau, sei es nun infolge des Eheabschlusses oder eines Güterstandes in der Geschäftsfähigkeit beschränkt[1]) (EG. z. BGB. Art. 200, bes. Abs. 3). Lediglich im Interesse dieser Ehen wurde § 52 Abs. 2 ZPO. aufrecht erhalten und mit Rücksicht auf die Rechtseinheit wurden daher auch jene Ehefrauen für prozeßfähig erklärt, die es wegen des auf Grund dieser alten Gesetze etwa nach bürgerlichem Rechte bestehenden Mangels der Geschäftsfähigkeit nicht gewesen wären. Die vermöge der Rechte des Ehemannes etwa mangelnde Dispositionsbefugnis der Frau wird aber selbstverständlich durch die Vorschrift nicht berührt. Es hat demgemäß die Vorschrift des § 52 Abs. 2 ZPO. nur noch Bedeutung für die vor dem Inkrafttreten des BGB. geschlossenen, in das BGB. nicht übergeleiteten Ehen, in denen die frühere Entziehung der Geschäftsfähigkeit materiell noch fortdauert. Prozessual dagegen ist sie ohne Bedeutung; denn nach dem bisher dargelegten gilt vom 1. Januar ab für alle Ehen der gemeinsame Grundsatz, daß die Frau, soferne sie nur nach den allgemeinen Grundsätzen prozeßfähig ist, auch durch ihre Stellung als Ehefrau in der Prozeßfähigkeit nicht beschränkt wird, daß sie daher in allen Rechtsstreitigkeiten klagen, verklagt werden, intervenieren oder für Dritte als Vertreterin oder Beistand (§§ 79, 90 ZPO.) auftreten kann.

Die Wirkungen der Prozeßführung der Frau in Ansehung des eingebrachten Gutes beim ordentlichen gesetzlichen Güterstand.

§ 3.

Prozeßführung des Mannes im Namen der Frau.

I. Durch den Eintritt der Verwaltungsgemeinschaft werden dem Manne eine Reihe von Rechten und Pflichten übertragen. Dieser Eintritt der Verwaltung und Nutznießung des Mannes am e. G. der Frau, der sich ohne weiteres mit der Eheschließung vollzieht (§§ 1363, 1517 BGB.), so daß es keiner besonderen Einbringung als eines eigenen Willensaktes bedarf, weist deutlich auf die Stellung des Mannes als das Haupt der Familie hin. Mit

[1]) So der code civil und die ihm verwandten Rechte.

der Anerkennung dieser Suprematie allein wäre dem Mann jedoch wenig gedient. Er bedarf vielmehr zur wirksamen Geltendmachung dieser Stellung einerseits der tatsächlichen Gewalt, des Besitzes, andrerseits aber auch der Möglichkeit der Verwaltung des e. G. und zwar nicht nur im Verhältnis zur Ehefrau, sondern auch jedem Dritten gegenüber. Mit einem Worte, der Ehemann muß als Ausfluß seines Verwaltungsrechtes auch die Möglichkeit haben, die Machtmittel des Staates zur Durchführung seiner Ansprüche anzurufen, es muß ihm das Recht zur selbständigen Prozeßführung zustehen.

Eine solche Prozeßführungsnotwendigkeit kann auf doppelte Weise gegeben sein. Einmal, soweit ein Recht des Mannes selbst in Frage steht, z. B. auf die Nutzungen des e. G. (§ 1383) oder auf den Besitz der zum e. G. gehörenden Sachen. Soweit es sich um solche Rechte handelt, besitzt der Mann kraft eigenen Rechts sowohl die aktive als auch die passive Sachlegitimation. Sodann kann es sich aber auch um die prozessuale Geltendmachung von Rechten handeln, welche eine vernunftsgemäße Verwaltung des e. G. im Interesse der Ehefrau selbst erforderlich macht. Auch in diesem Falle erhellt, daß dem Manne die Prozeßführungsbefugnis zustehen muß. Dieses Recht ist daher dem Manne durch § 1380 ausdrücklich beigelegt.

Des näheren auf den Inhalt des § 1380 und seine Wirkungen einzugehen, besteht keine Veranlassung; dagegen soll die Prozeßführung des Mannes im Namen der Frau an dieser Stelle kurz behandelt werden.

II. § 1380 gewährt dem Manne die Befugnis zur gerichtlichen Geltendmachung der zum e. G. gehörenden Rechte im eigenen Namen; § 1400 gibt ferner dem Manne die Möglichkeit zu gestatten, daß die Frau über ein solches Recht in ihrem Namen einen Rechtsstreit führt. Es muß der Mann daher auch die Möglichkeit haben, ein solches Recht mit Zustimmung der Frau in ihrem Namen geltend zu machen.

Die Wirkung einer solchen prozessualen Geltendmachung richtet sich nach den allgemeinen Grundsätzen der §§ 164 ff. ZPO. Es bleibt daher in diesem Falle die Frau Partei und der Mann ist lediglich ihr Prozeßbevollmächtigter. Desgleichen finden, da die Vorschriften über den gesetzlichen Güterstand zu einer abweichenden Beurteilung dieser Vertretung keinen Anhalt bieten, die allgemeinen Vorschriften der §§ 79 ff. ZPO. Anwendung, so daß der Mann vor allem einer Prozeßvollmacht[1]) bedarf.

Tritt aber der Mann als Prozeßbevollmächtigter für seine Frau auf, so liegt hierin auch ohne weiteres die Zustimmung des Mannes zur Prozeßführung der Frau gemäß § 1400 BGB., welche eben durch die Klage des Mannes zur Prozeßpartei wurde. Entzieht daher die Frau ihrem Manne die Prozeßvollmacht noch

---

[1]) s. Ullmann im ArchZivPrax. Bd. 91 S. 390.

während des Rechtsstreites, wozu sie ja nach den §§ 79 ff. ZPO. befugt ist, so kann sie selbst in den Prozeß eintreten und ihn weiterführen. Aus dieser in der Vertretung der Frau durch den Mann liegenden Zustimmung geht ferner auch die Wirksamkeit des Urteils dem Manne gegenüber in Ansehung des e. G. (§ 1400 Abs. 1 BGB.) hervor. Daß es mittelbar für und gegen die Frau wirkt, ist selbstverständlich, da sie in diesen Fällen selbst Partei ist.

Dem Verwaltungsrecht des Mannes entspricht seine Verwaltungspflicht und zwar in der Weise, daß er alle Handlungen vornehmen muß, die zu einer ordentlichen Verwaltung des e. G. notwendig sind (§ 1374). Zu einer ordnungsgemäßen Verwaltung kann aber unter Umständen auch die gerichtliche Geltendmachung eines Rechtes gehören. Der Ehemann hat daher auch die Pflicht, soweit erforderlich, solche zum e. G. gehörende Sachen gerichtlich, und zwar im eigenen Namen geltend zu machen. Täte er das nicht und wäre er auch nicht gewillt, einen solchen Rechtsstreit als Prozeßbevollmächtigter seiner Frau zu führen oder ihr endlich selbständig die Prozeßführung zu gestatten, so könnten die Voraussetzungen der §§ 1391 und 1418 gegeben sein. Andrerseits erscheint die Führung eines Rechtsstreits im Namen der Frau ohne ihre Zustimmung unzulässig, nachdem dem Manne eine Vertretungsbefugnis hinsichtlich seiner Frau nicht zusteht.

Die Frage, ob die verweigerte Zustimmung der Frau zur Führung eines Prozesses in ihrem Namen durch das Vormundschaftsgericht (gemäß § 1379) ersetzt werden kann, muß verneint werden. Die Anwendbarkeit des § 1379 wird einmal durch seine Stellung im Gesetz, andrerseits durch seinen Wortlaut ausgeschlossen; denn nur die Zustimmung zu einem Rechtsgeschäfte, das zur ordnungsgemäßen Verwaltung erforderlich ist, kann durch das Vormundschaftsgericht ersetzt werden. Dies trifft jedoch für die Prozeßführung nicht zu, da dieselbe anerkannten Rechts kein Rechtsgeschäft ist. Zu einer derartigen Ersetzung besteht auch gar kein Bedürfnis, da ja der Mann gemäß § 1380 zur Prozeßführung im eigenen Namen berechtigt ist.

Selbständige Prozeßführung durch die Frau.

A. Aktivprozesse der Frau.

§ 4.

Der Grundsatz der ehemännlichen Zustimmung zur Führung von Aktivprozessen durch die Frau.

Die Prozeßfähigkeit einer Frau wird, wie schon dargelegt, weder durch die Ehe noch durch irgendeinen Güterstand beschränkt. Dies schließt jedoch nicht aus, daß dieses Prinzip für den Güterstand der Verwaltung und Nutznießung in zwei Beziehungen modifiziert wird; denn es bestimmt:

1. § 1400 Abs. 2 BGB., daß die Frau ein zum e. G. gehörendes Recht im Wege der Klage nur mit Zustimmung des Mannes geltend machen kann und

2. § 1400 Abs. 1, daß für alle von der Frau geführten Rechtsstreitigkeiten die Zustimmung des Mannes insoferne vorliegen muß, als bei ihrem Fehlen das Urteil dem Manne gegenüber in Ansehung des e. G. unwirksam ist.

Der Zweck dieser Bestimmung ist folgender: Es sollte durch § 1400 Abs. 2 nicht der in § 52 Abs. 2 ZPO. aufgestellte Grundsatz von der unbeschränkten Prozeßfähigkeit jeder Ehefrau durchbrochen werden, — enthält ja doch § 1400 indirekt die Anerkennung der Prozeßfähigkeit —, sondern es sollte lediglich die Verfügungsbefugnis der Frau beschränkt werden und auch diese nur in dem Maße als der Grundsatz der unbeschränkten Verfügungsbefugnis mit dem Rechte des Mannes auf Verwaltung und Nutznießung nicht in Einklang hätte gebracht werden können.

Ohne die ehemännliche Zustimmung fehlt also der Frau zwar nicht die Prozeßfähigkeit, wohl aber erscheint sie zur Führung des Rechtsstreites nicht legitimiert. Allein auch diese Aktivlegitimation fehlt ihr nur insoweit, als ein Schutz der dem Ehemann kraft Gesetzes zustehenden Rechte notwendig erscheint. Es folgt hieraus, daß für die Prozeßführung der Frau die gleichen Beschränkungen gelten müssen, wie für Verfügungen der Frau überhaupt; denn wenn auch die Prozeßführung selbst nicht als Verfügung im Sinne des § 1395 BGB. aufgefaßt werden kann, sondern vielmehr als ein Verwaltungsakt erscheint, so ist es doch einleuchtend, daß ein Rechtsstreit durch die Wirkungen des Urteils den gleichen Charakter erhalten kann, wie eine Verfügung, sodaß die Prozeßführung zu einer Gefährdung der Rechte des Mannes führen kann[1]). Ergeht in einem Rechtsstreit, den die Ehefrau trotz fehlender Zustimmung des Mannes führt, ein Urteil, so ist dasselbe zwar gültig. in Ansehung des e. G. jedoch kann es dem Manne gegenüber nach § 1400 Abs. 1 keine Wirkung äußern. Zweck der Bestimmung ist daher, die Wirkung des Urteils zwecks Wahrung der Rechte des Mannes am e. G. auszuschließen. Nur die Zustimmung des Mannes kann der Frau im Falle des § 1400 Abs. 2 die mangelnde Sachlegitimation gewähren und das ergehende Urteil auch dem Manne gegenüber in Ansehung des e. G. wirksam machen.

Freilich würde es zur Wahrung der Rechte des Mannes am e. G. auch genügt haben, bei Aktivprozessen, welche die Frau ohne Zustimmung des Mannes führt, die Wirkung der Urteile dem Manne gegenüber einfach auszuschließen (§ 1400 Abs. 1), im

---

[1]) s. M. IV S. 232.

übrigen aber im Einklang mit § 52 Abs. 2 ZPO. der Frau die volle Prozeßführungsbefugnis zu gestatten, weil ja nur durch das Urteil eine Beeinträchtigung der Rechte des Mannes im Hinblick auf das e. G. herbeigeführt werden kann. Nur aus Zweckmäßigkeitsgründen, um nämlich die Entstehung eines relativen Verhältnisses zu vermeiden[1]), ist jedoch das BGB. noch einen Schritt weiter gegangen und hat § 1400 Abs. 2 geschaffen; eben aus dem Grund, „weil sonst die Entscheidung eines Rechtsstreites, welcher von der Frau ohne Zustimmung des Mannes über ein zum e. G. gehörendes Recht geführt würde, den Streit nicht einheitlich gegenüber beiden Ehegatten erledigen würde". Wäre daher die Wirkung des Urteils nur dem Manne gegenüber ausgeschlossen, so wäre die einheitliche Feststellung des Rechtsverhältnisses beiden Ehegatten gegenüber unmöglich gewesen, was einen großen Nachteil des Beklagten zur Folge gehabt hätte. Es ist daher durch Einfügen des § 1400 Abs. 2 der durch die dem Manne nach § 1380 zustehende Prozeßführungsbefugnis gegebene Möglichkeit widersprechender Entscheidungen desselben Rechtsverhältnisses vorgebeugt.

Die Vorschrift des § 1400 Abs. 2, die sich übrigens nur auf Aktivprozesse der Frau bezieht, spricht nur von der Geltendmachung des Rechtes im Wege der „Klage". Dieser Ausdruck erscheint jedoch zu eng gefaßt; der Sinn des Gesetzes ist ein weitergehender; denn es ist selbstverständlich, daß sich diese Vorschrift auch auf Widerklagen der Frau bezieht, ferner auf die Geltendmachung im Mahnverfahren[2]), im Wege des Antrags auf Erlassung eines Arrests oder einer einstweiligen Verfügung, sowie auf Feststellungsklagen; auf letztere deshalb, weil sonst eine einheitliche Feststellung ebenfalls unmöglich wäre[3]).

Keiner Zustimmung des Mannes dagegen bedarf die Frau, wenn sie zum Zwecke der Verteidigung im Prozesse Ehegutsrechte geltend macht, soweit darin nicht, wie in der Aufrechnung einer Ehegutsforderung eine Verfügung liegt[2]); denn eine solche Geltendmachung ist keine Geltendmachung im Wege der Klage und kann daher nicht unter § 1400 Abs. 2 fallen.

Das Erfordernis der ehemännlichen Zustimmung beschränkt sich ferner auf die Geltendmachung von Rechten, die zum e. G. gehören. Endigt während des Rechtsstreites die Verwaltungsgemeinschaft, so kann natürlich eine Zustimmung nicht mehr verlangt werden, sondern die Frau wird von selbst zur Sache legitimiert.

---

[1]) s. M. IV S. 231 ff.

[2]) s. M. IV S. 234.

[3]) Staudinger IV S. 253; Gaupp-Stein I S. 157; Hellwig, Anspruch S. 313.

§ 5.

Inhalt der Zustimmung[1]).

Führt die Frau über ein zum e. G. gehörendes Recht einen Prozeß ohne Zustimmung des Mannes, so fehlt ihr die Aktivlegitimation und ein gleichwohl ergehendes Urteil kann in Ansehung des e. G. dem Manne gegenüber keine Wirkung äußern. Sachbefugnis und Wirkung des Urteils auch dem Manne gegenüber entstehen lediglich durch Erhalt der ehemännlichen Zustimmung zur Prozeßführung. Es ist daher von Interesse zu untersuchen, welches der Inhalt dieser Zustimmung sein muß, um solche Wirkungen äußern zu können und ferner zu welchen Rechtshandlungen die Frau hiedurch berechtigt wird.

Die ZPO. gibt über den Inhalt der Zustimmung keinen Aufschluß. Zwar liegt der Gedanke an § 81 nahe, allein hier wird der Umfang der Prozeßvollmacht festgelegt und diese Bestimmung kann daher für unseren Fall, bei welchem es sich um keine Vollmacht sondern lediglich um eine Zustimmung zur Prozeßführung handelt, bei welcher die Frau ihr eigenes Recht geltend macht und nicht als Vertreterin ihres Mannes auftritt, keine Anwendung finden. Selbst eine analoge Anwendbarkeit des § 81 muß im Hinblick auf die allzu großen Verschiedenheiten der in Betracht kommenden Verhältnisse verneint werden. Ebenso unanwendbar ist § 54 ZPO., denn er gilt vermöge seiner Stellung und nach seiner ganzen Entstehungsgeschichte lediglich für die Befugnis des gesetzlichen Vertreters. Auf unseren Fall, wo die prozeßfähige Ehefrau lediglich zu ihrer Aktivlegitimation der Zustimmung des Ehemanns bedarf, kann diese Bestimmung daher keine Anwendung finden[2]).

Zur Entscheidung der Frage ist daher das BGB. zu Rate zu ziehen. Dieses behandelt Einwilligung und Genehmigung, die beide Unterbegriffe der Zustimmung sind, in den §§ 182 ff. Die vorherige Zustimmung wird als Einwilligung, die nachträgliche als Genehmigung bezeichnet (§§ 183, 184). Die Zustimmung ist ein einseitiges, empfangsbedürftiges Rechtsgeschäft und ist notwendig, um die Wirksamkeit eines Vertrages oder eines einseitigen empfangsbedürftigen Rechtsgeschäfts, welches von der Einwilligung oder Genehmigung eines Dritten abhängt, herbeizuführen. Gegenstand, auf den sich die Zustimmung beziehen muß, ist sonach stets ein Rechtsgeschäft und der Charakter dieses Rechtsgeschäfts bestimmt jeweils den Inhalt der Zustimmung. Hieraus erhellt, daß der Inhalt der Zustimmung in einem Fall ein umfassenderer und weitgehenderer sein kann als in einem anderen. Voraussetzung der Wirksamkeit eines der Zustimmung bedürftigen Rechtsgeschäfts

---

[1]) Vgl. Ullmann in JW. Jahrg 1902 S. 319: „Der Inhalt der Zustimmung des Ehemanns zur Führung eines Rechtsstreites durch die Frau".

[2]) Gaupp-Stein I S. 163; Petersen I S. 144.

ist nur, daß sich diese Zustimmung auf das Rechtsgeschäft in seinem ganzen Umfange bezieht.

Vorliegenden Falles handelt es sich um die Auslegung des Inhalts der Zustimmung zur Prozeßführung. Würde hier ein Rechtsgeschäft in Frage stehen, so wäre die Lösung nach dem oben Gesagten nicht schwer. Allein der Prozeß ist kein Rechtsgeschäft, sondern er bildet ein Verfahren, welches sich aus einer planmäßig geordneten Reihe von Handlungen (sog. „Prozeßhandlungen") zusammensetzt. Diese scheiden sich in Rechtshandlungen der Parteien und des Gerichts. Insoferne die Parteihandlungen Privatwillenserklärungen mit gewollter Rechtsfolge sind, darf man sie als prozessuale Rechtsgeschäfte bezeichnen (insbes. Klage und Rechtsmittel). Andere Parteihandlungen sind zugleich privatrechtliche Rechtsgeschäfte und werden dementsprechend in ihrer privatrechtlichen Wirksamkeit nach materiellem Rechte beurteilt (Anerkenntnis, Verzicht, Vergleich). Indessen kann die Streitfrage, ob die einzelnen Prozeßhandlungen Rechtshandlungen oder Rechtsgeschäfte sind, hier überhaupt außer acht gelassen werden, da die Prozeßführung als solche anerkanntermaßen kein Rechtsgeschäft ist.

Die Frage nach dem Inhalte der Zustimmung ist daher aus der Willenserklärung heraus zu beantworten, welche in der Zustimmung zur Führung eines Rechtsstreites gelegen ist; denn diese kann wie jede andere Willenserklärung, deren Umfang nicht ohne weiteres aus ihrem Zwecke ersichtlich ist, Gegenstand der Auslegung sein.

Zu diesem Behufe ist vor allem zu prüfen, was durch die ehemännliche Zustimmung überhaupt erreicht werden soll. Der Zweck ist ein doppelter: einmal soll der Frau die fehlende Sachbefugnis verschafft und andrerseits dem in diesem Rechtsstreit ergehenden Urteil auch dem Manne gegenüber Wirksamkeit in Ansehung des e. G. beigelegt werden. Dies ist auch die Ansicht der Motive, die davon sprechen[1]), daß es der Sachlage und der Intention der Parteien entspreche, auch bei Passivprozessen der Einwilligung oder Genehmigung des Ehemanns, obgleich dieselbe zur Führung des Rechtsstreites nicht erforderlich ist und an und für sich verschiedene Bedeutung haben kann, in Ermangelung einer anderweitigen Bestimmung von seiten des Ehemanns die Wirkung beizulegen, daß das in dem Rechtsstreite, wenngleich zum Nachteile der Frau erlassene Urteil, auch in Ansehung des Eheguts gegenüber dem Ehemann Wirksamkeit erlangt.

Hieraus ergibt sich zweifellos, daß die ehemännliche Zustimmung zur Prozeßführung der Frau präsumtiv alle Rechtshandlungen umfaßt, welche zur Herbeiführung eines auch dem Manne in Ansehung des e. G. gegenüber wirksamen Urteils notwendig sind. Auf dieser Basis läßt sich auch die Frage entscheiden, ob diese Zustimmung zur Prozeßführung im allgemeinen, der Frau auch

[1]) M. IV S. 232 f.

die Vornahme von Prozeßhandlungen mit Verfügungscharakter, nämlich Verzicht, Vergleich und Anerkenntnis gestattet. Für den Regelfall wird diese Frage aus folgenden Gründen zu verneinen sein.

Die Zustimmung hat, wie oben dargelegt, u. a. den Zweck, dem ergehenden Urteile auch dem Manne gegenüber in Ansehung des e. G. Wirksamkeit zu verschaffen. Daraus folgt, daß sie einesteils alle Rechtshandlungen umfassen muß, welche geeignet sind, ein Urteil herbeizuführen, während es anderenteils als selbstverständlich erscheint, daß alle jene Rechtshandlungen, welche dem Erlaß eines Urteils hindernd im Wege stehen, von dieser Zustimmung ausgeschlossen sind.

Aus dieser Erwägung heraus muß vor allem die Erledigung des Rechtsstreites durch einen Vergleich als ausgeschlossen betrachtet werden. Denn es ist zu vermuten, daß bei Aktivprozessen der Wille des zustimmenden Ehemanns dahin geht, daß das klageweise geltend gemachte Recht in der Weise durchgeführt wird, daß es zum Erlaß eines auch ihm gegenüber wirksamen Urteils kommt, während er durch seine Zustimmung bei Privatprozessen die Wirksamkeit des Urteils in Ansehung des e. G. herbeiführen will. In beiden Fällen geht also die Absicht auf den Erlaß eines Urteils und ganz im Widerspruch hiezu würde der Abschluß eines Vergleichs stehen. Denn dieser ist überhaupt keine Erscheinung eines sich regelmäßig entwickelnden Prozesses, sondern steht mit dem Wesen des Rechtsstreits in direktem Widerspruch, da er dem Prozeß, der ein Verfahren zur gerechten Verwirklichung eines Anspruchs ist, den Boden entzieht und ihn nicht auf seine natürliche Weise durch Urteil beendigt, sondern das weitere Verfahren einfach unmöglich macht.

Aus dem gleichen Grunde müssen ferner auch der Verzicht auf den Streitgegenstand, sowie das Anerkenntnis ausgeschieden werden. Allerdings können beide (gemäß § 306 resp. § 307 ZPO.) zu einem Urteil führen; allein diese Urteile haben einen ganz anderen Inhalt als jenes, welches nach dem präsumtiven Willen des Mannes eben durch seine Zustimmung auch ihm gegenüber Wirksamkeit äußern soll.

Dies gilt jedoch nur für den Regelfall; denn es ist selbstverständlich, daß die Zustimmung des Mannes auch einen weiteren Umfang haben, somit auch die Gestattung dieser Prozeßhandlungen mit Verfügungscharakter in sich schließen kann. Es ist dies jedoch Frage der Auslegung und von Fall zu Fall zu entscheiden[1]).

---

[1]) Opet S. 172: Die Prozeßzustimmung enthält nur das Einverständnis des Mannes zu Prozeßhandlungen der Frau, ob sie zugleich eine Zustimmung zur Vornahme von Prozeßhandlungen mit Verfügungscharakter darstellt, ist nach den Umständen zu beurteilen.

Staudinger S. 254: Die Prozeßführung ist keine Verfügung, kann aber Anlaß zu Verfügungen geben; als solche erscheinen insbesonders Vergleich, Verzicht, Anerkenntnis, wie auch Annahme der geschuldeten Leistung. Zu derartigen Verfügungen bedarf die Frau der Zustimmung des Mannes. Ob dessen Zu-

Eine andere Frage ist, ob durch die ehemännliche Zustimmung zur Prozeßführung für die Frau auch das Recht zur Bestellung eines Prozeßbevollmächtigten begründet wird. Die Bevollmächtigung ist ein Rechtsgeschäft, das zwischen beiden Teilen, der Frau und dem Bevollmächtigten, Wirkungen äußert. Ob diese Wirkungen sich auch auf die Rechtssphäre des Mannes erstrecken, hängt von der Beobachtung der §§ 1396, 1399 BGB. ab, durch welche die ehemännliche Zustimmung erlangt wird.

Handelt es sich um einen Prozeß mit Anwaltszwang, so muß in der Zustimmung zur Prozeßführung auch ohne weiteres die Zustimmung zur Bestellung eines Prozeßbevollmächtigten liegen, da sonst die Rechtsverfolgung unmöglich und eine solche partielle Zustimmung demgemäß überhaupt keine Zustimmung wäre. Die Zustimmung zur Vollmachtserteilung ist jedoch auch dann anzunehmen, wenn ein Anwaltszwang nicht besteht; denn der Mann will durch seine Zustimmung zur Prozeßführung der Frau die Rechtsverfolgung ermöglichen und die Vollmachtserteilung ist ebenfalls nichts anderes als ein der Durchführung des Prozesses dienendes Rechtsgeschäft.

Diese Konsequenz führt zu einer Schwierigkeit; denn einesteils steht es fest, daß die Frau durch die ehemännliche Zustimmung zur Prozeßführung das Recht zur Beendigung des Rechtsstreites durch Anerkenntnis, Verzicht und Vergleich im Regelfalle nicht erhält; andernteils dagegen sind die Befugnisse des Prozeßbevollmächtigten im Verhältnis zu jedem Dritten durch § 81 ZPO. geregelt und ist ihm hierin ausdrücklich die Befugnis zur Beendigung des Prozesses durch diese Prozeßhandlungen mit Verfügungscharakter beigelegt.

Es ist daher zu untersuchen, ob und inwieweit der durch § 81 ZPO. gesetzlich fixierte Umfang der Prozeßvollmacht Dritten gegenüber, auch dem Ehemann gegenüber Wirkungen äußert.

Die Rechtshandlungen eines Bevollmächtigten können an sich keine weiteren Wirkungen haben als die des Vollmachtgebers. Führt eine Frau einen Passivprozeß ohne Zustimmung des Mannes, so kann sie zwar einen Vergleich schließen; allein dieser äußert seine Wirkung nur unter den Parteien, ohne die Fähigkeit zu haben das Recht des Ehemanns zu berühren. Das gleiche gilt, falls eine solche Verfügung durch einen Bevollmächtigten der Frau abgeschlossen wird. Eine Wirksamkeit gegenüber dem Manne in Ansehung des e. G. ist nur durch die ehemännliche Zustimmung möglich. Es fragt sich daher, ob in der Zustimmung zur Prozeß-

---

stimmung zur Prozeßführung auch als Zustimmung zu Verfügungen der erwähnten Art erachtet werden kann, ist Frage der Auslegung; in der Regel wird die Frage zu verneinen sein.

a. A. Planck IV S. 177: Die Zustimmung kann nur zur Prozeßführung als solcher erteilt werden; ist sie einmal erteilt, so bedarf es keiner Zustimmung zu den einzelnen Prozeßhandlungen.

Gaupp-Stein I S. 156.

führung zugleich auch die Zustimmung liegt, daß ein von der Frau bestellter Prozeßbevollmächtigter den Rechtsstreit mit Wirkung dem Manne gegenüber durch Anerkenntnis, Verzicht oder Vergleich zu beenden befugt ist. Für die Frau ist diese Frage bereits verneint worden; denn der Zweck der Zustimmung zur Prozeßführung ist die Verfolgung eines Rechtes bis zum Richterspruche. Warum dieser Zweck plötzlich ein anderer werden sollte, wenn der Prozeß nicht von der Frau persönlich, sondern von ihrem Bevollmächtigten geführt wird, ist nicht einzusehen. Allerdings ermächtigt die Prozeßvollmacht zu diesen Prozeßhandlungen; hieraus allein darf jedoch nicht der Schluß gezogen werden, daß der Mann, welcher der Prozeßführung und hiemit auch der Bevollmächtigung zustimmt, damit allen Rechtshandlungen, zu welchen die Prozeßvollmacht gesetzlich ermächtigt, zustimmen will, sondern es ist hier wieder für den Regelfall ein Wille des Mannes dahingehend zu vermuten, daß der Bevollmächtigte mit Wirksamkeit ihm gegenüber nur zur Vornahme jener Handlungen befugt sein solle, welche der Durchführung des Prozesses bis zur Urteilsfällung dienen.

Hinsichtlich der Prozeßhandlungen mit Verfügungscharakter ist eine Beschränkung des gesetzlichen Umfangs der Vollmacht nach § 83 ZPO. auch möglich. Im Gegensatz hiezu gibt es aber auch Rechtshandlungen, bei denen eine solche Beschränkung dem Dritten gegenüber keine rechtliche Wirkung hat, z. B. jene Prozeßhandlungen, die durch eine Widerklage, durch die Zwangsvollstreckung verursacht werden. Es muß angenommen werden, daß die Zustimmung des Mannes zur Prozeßführung diese Prozeßhandlungen, zu denen die Prozeßvollmacht unbeschränkt ermächtigt, ohne weiteres in sich schließt. Denn, wie ausgeführt, umfaßt die Zustimmung zur Prozeßführung der Frau im Zweifel auch das Recht zur Erteilung der Prozeßvollmacht und andrerseits muß auch vorausgesetzt werden, daß dem Manne bekannt ist, daß die erteilte Prozeßvollmacht zu gewissen Prozeßhandlungen unbeschränkt ermächtigt. Demgemäß ist der Schluß zu ziehen, daß die Zustimmung des Mannes zur Führung eines Rechtsstreites durch die Frau auch die Zustimmung zur Vornahme aller jener Prozeßhandlungen durch einen Bevollmächtigten in sich schließt, bezüglich deren eine Beschränkung unzulässig ist. Von der Zustimmung ausgenommen ist daher nur die Beseitigung des Rechtsstreites durch Vergleich, Verzicht und Anerkenntnis.

Aus diesen Ausführungen, welche den Umfang der Rechte des Prozeßbevollmächtigten der Frau zum Gegenstand hatten, muß notwendigerweise auch der Umfang der Rechte der Frau selbst festgestellt werden können. Diese müssen die gleichen sein wie die ihres Bevollmächtigten. Wollte man dies nicht annehmen, so käme man zu dem unbefriedigenden Ergebnis, daß der Prozeßbevollmächtigte zur Vornahme von Handlungen befugt wäre, welche der Frau, die doch die Quelle der Vollmacht ist, nicht zuständen.

Es ergibt sich hieraus die notwendige Folgerung, daß die Zustimmung des Mannes zur Prozeßführung der Frau präsumtiv alle unter § 81 ZPO. aufgezählten Rechtshandlungen umfaßt mit Ausnahme jener, welche eine Beseitigung des Rechtsstreites durch Vergleich, Verzicht und Anerkenntnis bezwecken.

Hieraus folgt, daß auch die Frage, ob ein Urteil, welches auf eine gegen die Frau erhobene Widerklage ergeht, auch dem Manne gegenüber in Ansehung des e. G. wirksam sei, dann zu bejahen ist, wenn der Ehemann auch nur seine Zustimmung zur Geltendmachung eines zum e. G. gehörenden Rechtes im Klagewege gegeben hatte.

Zum Schlusse ist noch zu untersuchen, ob der Mann seine Zustimmung zu einzelnen Prozeßhandlungen — abgesehen von Anerkenntnis, Verzicht und Vergleich — verweigern kann und welche Bedeutung einer solchen Verweigerung beizumessen ist

Gaupp-Stein[1]) und Planck[2]) sind der Ansicht, daß eine Verweigerung der Zustimmung zu einzelnen Prozeßhandlungen unbeachtlich wäre. Dieser Ansicht kann jedoch nicht beigetreten werden. Die in § 1400 BGB. normierten Wirkungen treten nur dann ein, wenn die Frau den Rechtsstreit mit Zustimmung ihres Mannes führt. Diese Zustimmung zur Prozeßführung umfaßt jedoch, wie oben dargelegt, präsumtiv auch das Recht zur Vollmachtserteilung und die Vollmacht hinwiederum ermächtigt mit unbeschränkbarer Wirkung gegenüber jedem Dritten zu allen unter § 81 ZPO. fallenden Prozeßhandlungen mit Ausnahme von Anerkenntnis, Verzicht und Vergleich. Würde daher die Zustimmung des Ehemanns nur einen kleineren Kreis von Befugnissen umfassen, so könnte von einer Zustimmung im Sinne des § 1400 BGB. keine Rede sein. Eine solche „beschränkte" Zustimmung könnte daher auch die durch § 1400 gewährleisteten Wirkungen nicht hervorbringen und würde der Frau im Falle des Abs. 2 weder die Sachbefugnis gewähren noch im Falle des Abs. 1 zur Folge haben, daß das ergehende Urteil dem Manne gegenüber in Ansehung des e. G. wirksam wäre[3]).

§ 6.

Art und Zeit der Zustimmung.

I. Die Zustimmung des Mannes zur Prozeßführung der Frau gemäß § 1400 Abs. 1 ist, wie schon erwähnt, keine Zustimmung zu

---

[1]) I S. 156.

[2]) IV S. 177.

[3]) Es ist auch gleichgültig, ob es sich um einen Prozeß mit oder ohne Anwaltszwang handelt; denn bei letzterem ist die Führung des Rechtsstreits ohne Anwalt auch nur in I. Instanz möglich. Die Zustimmung zur Prozeßführung muß aber die Ermächtigung geben, den Prozeß bis zur endgültigen Entscheidung durchzuführen.

einem Rechtsgeschäft. Es können daher die allgemeinen Vorschriften der §§ 182 ff. BGB. nur insoweit analoge Anwendung finden, als dies durch die Sachlage ermöglicht ist[1]).

Darnach ist die Zustimmung des Mannes eine einseitige empfangsbedürftige Willenserklärung (§§ 130 ff. BGB.), die sowohl ausdrücklich als auch durch konkludente Handlungen und zwar nach § 182 sowohl der Frau als auch dem Prozeßgegner gegenüber kundgemacht werden kann.

Als formlose Zustimmung erscheinen vor allem die Mitunterzeichnung einer von der Frau erteilten Prozeßvollmacht[2]), ferner die Uebernahme der prozessualen Vertretung der Frau durch den Mann, sowie der nach § 66 ZPO. erfolgende Eintritt des Mannes in den Prozeß als Nebenintervenienten[3]), wozu er jederzeit berechtigt ist. In diesem Falle ist er als notwendiger Streitgenosse der Frau zu betrachten, da das streitige Rechtsverhältnis ihm gegenüber nicht anders als der Frau gegenüber festgestellt werden kann. Daher kann auch gegen den nicht erschienenen Ehemann, soferne nur die Frau erschienen ist, kein Versäumnisurteil erlassen werden (§ 62 ZPO.). Ob eine Zustimmung dagegen darin gefunden werden kann, daß der Mann nach § 64 ZPO. als Hauptintervenient auftritt oder dem Gegner als Nebenintervenient beitritt, ist Tatfrage[4]).

Keine Zustimmung kann dagegen in der bloßen Duldung der Prozeßführung durch die Frau erblickt werden, da dem Manne kein Mittel zusteht, dieselbe zu verhindern[5]).

Hier ist ferner noch zu erwähnen, welche Bedeutung einer Klage beizulegen ist, welche von der Frau „im Beistande des Mannes" erhoben wird. Sicher ist, daß dieses Mitauftreten des Mannes jedenfalls als Zustimmung gilt[6]). Ob jedoch auch der Mann hiedurch neben der Frau Prozeßpartei werden soll, war zweifelhaft. Nach den neuesten Reichsgerichtsentscheidungen[7]) soll jedoch der Mann regelmäßig nicht als Prozeßpartei angesehen werden, falls die Frau „im Beistande des Mannes" klagt. Die Frage ist daher immer von Fall zu Fall zu entscheiden.

II. Die Zustimmung kann sowohl vor der Klagerhebung (als „Einwilligung"), als auch mit rückwirkender Kraft zu einem späteren Zeitpunkt (als „Genehmigung") erteilt werden. Letztere Möglichkeit ergibt sich aus der Fassung des § 1400 Abs. 2, da „Zustimmung" nach § 184 BGB. auch die nachträgliche Genehmigung

---

[1]) Opet S. 171; Staudinger S. 250.
[2]) RGE. vom 3. November 1892 in GruchotsBeitr. Bd. 37 S. 1215.
[3]) RGE. vom 1. Februar 1905, RGE. Bd. 60 S. 688.
[4]) Staudinger S. 251; Neumann II S. 87.
[5]) Ullmann a. a. O. S. 116.
[6]) Aronius in GruchotsBeitr. Bd. 45 S. 258; Grünwald im „Recht" 1901 S. 61.
[7]) RGE. vom 22. Oktober 1903; 1. Februar 1905, 16. März 1905 in JW. 1903 Beil. S. 147; RGE. Bd. 60 S. 85 ff.; Gruchot Bd. 49 S. 114, ebenso Planck Bem.; 4 a. A. Ullmann a. a. O. S. 116 Anm. 14.

in sich begreift. Ein Widerruf der einmal erteilten Zustimmung ist möglich, jedoch in Analogie des § 183 S. 11 BGB. nur solange als die Frau gegenüber dem Gegner noch keine Prozeßhandlung vorgenommen hat [1]) Als nachträgliche Genehmigung kann die Zustimmung auch im Laufe des Prozesses und auch durch einen in II. Instanz (nicht dagegen in der Revisionsinstanz, § 561 ZPO.) nachgeholten Beitritt zur Prozeßführung der Frau erteilt werden. Letzteren Fall hat das Reichsgericht [2]) ausdrücklich entschieden und erklärt, daß der Nachweis der Aktivlegitimation der klagenden Frau in jeder Lage des Prozeßverfahrens geführt werden kann.

Nach dem Eintritt der Rechtskraft ist eine Zustimmung zur Prozeßführung nach dem Wortlaut des § 1400 ausgeschlossen [3]).

Die Geltendmachung der nachträglichen Zustimmung des Mannes erscheint als keine Klageänderung i. S. des § 264 ZPO., sondern vielmehr als eine Ergänzung derselben nach § 269, da keine Aenderung des Klagegrundes, d. h. der Summe jener Tatsachen vorliegt, die nach materiellem Recht den Klageantrag als gerechtfertigt erscheinen lassen. Denn die Zustimmung bildet einen Teil des Klagegrundes selbst, da sie für die Frau das Recht zur Prozeßführung begründet [4]).

Für den Fall, daß der Ehemann seine Zustimmung zur Prozeßführung verweigern sollte, sieht das Gesetz zugunsten der Ehefrau keinen Rechtsbehelf vor. Insbesondere kann nicht, wie Grünwald [5]) meint, die verweigerte Zustimmung etwa durch das Vormundschaftsgericht ersetzt werden [6]); denn § 1402 bezieht sich nur auf den Fall, daß zur ordnungsgemäßen Besorgung der persönlichen Angelegenheiten der Frau ein Rechtsgeschäft erforderlich ist und der Mann die Zustimmung hiezu verweigert. Die Prozeßführung ist jedoch kein Rechtsgeschäft. Einen gewissen Schutz gewährt lediglich § 1418 Abs. 1 S. 1, durch welchen es der Frau ermöglicht werden kann unter Umständen bei grundloser Verweigerung der Zustimmung auf Aufhebung der Verwaltungsgemeinschaft zu klagen.

---

[1]) So Staudinger S. 251; Grünwald im „Recht" S. 61; die Ansicht, welche den Zeitpunkt der Rechtshängigkeit entscheiden läßt (z. B. Opet Bem. 5; Neumann Note IV 1a) kann für Passivprozesse der Frau nicht entscheidend sein. Gaupp-Stein läßt überhaupt keinen Widerruf zu I S. 157.

[2]) RGE. Bd. 50 S. 214.

[3]) s. Staudinger S. 251 und die dort angeg. abw. Ansichten. a. A. ferner Ullmann a. a. O. S. 116.

[4]) Gaupp-Stein Bem. IV A a 1 zu § 52; Staudinger S. 251; a. A. Meikel in BlfRA. Bd. 65 S. 173.

[5]) Recht 1901 S. 61.

[6]) Seuffert I S. 85; Planck Nr. 3 zu § 1402; Meikel BlfRA. Bd. 65 S. 171.

§ 7.

Die Fälle der Aktivlegitimation der Ehefrau zur Prozeßführung trotz mangelnder Zustimmung des Ehemannes.

Das Interesse des Mannes an der ungestörten Ausübung des ihm gesetzlich gewährleisteten Verwaltungs- und Nutznießungsrechtes am eingebrachten Gut bedarf des Schutzes gegen die Gefahren, welche ihm erwachsen könnten, wenn die Frau ohne seine Einwilligung über das e. G. direkt oder indirekt zu verfügen die Befugnis hätte. Für die rechtsgeschäftlichen Verfügungen der Frau mußte daher durch das Erfordernis der ehemännlichen Einwilligung ihr Verfügungsrecht in Ansehung des e. G. beschränkt werden.

Da jedoch auch die Prozeßführung wie eine Verfügung wirken kann, so war auch hiefür eine Beschränkung geboten, welcher durch die Forderung der ehemännlichen Zustimmung gemäß § 1400 genügt wurde.

Grundsatz des Gesetzes ist demgemäß, daß eine Beschränkung der Verfügungsfähigkeit der Frau überall da einzutreten hat, wo die Anerkennung der grundsätzlich unbeschränkten Verfügungsbefugnis der Frau eine Kollision mit den Rechten des Mannes zur Folge haben würde.

Da jedoch die konsequente Durchführung dieser Regel in vielen Fällen zu ungerechten Härten geführt haben würde, so mußte das Gesetz für besonders gelagerte Fälle einige Ausnahmen zulassen. Für die Prozeßführung der Frau heißt das nichts anderes, als daß sich die nach § 1400 geforderte Zustimmung des Mannes in diesem Ausnahmefällen erübrigt. Demgemäß kommen alle in § 1400 für die Prozeßführung einer Ehefrau aufgestellten Beschränkungen in Wegfall und für die in Betracht kommenden Rechtsstreitigkeiten besitzt die Frau auch ohne die ehemännliche Zustimmung einerseits die Sachlegitimation zur Führung von Prozessen und andererseits äußert das Urteil auch dem Manne gegenüber in Ansehung des e. G. ohne weiteres volle Wirksamkeit.

Die einzelnen Fälle sind folgende:

I. Nach § 1401 ist die Zustimmung des Mannes vor allem nicht erforderlich zur Führung eines Rechtsstreites durch die Frau, wenn der Mann durch Krankheit oder Abwesenheit an der Abgabe einer Erklärung verhindert und mit dem Aufschub Gefahr verbunden ist.

Die Voraussetzungen der Anwendung dieses § 1401 bedürfen einiger Erläuterung. So darf nicht jedes Gehindertsein durch Krankheit oder Abwesenheit an der Abgabe einer Willenserklärung hierher gerechnet werden; denn die Entbehrlichkeit der ehemännlichen Zustimmung soll nach dem Willen des Gesetzes nur in Ausnahmefällen eintreten und eben nur dann, wenn der Abgabe einer solchen Erklärung tatsächlich schwerwiegende Hindernisse entgegenstehen. Demgemäß müssen, falls § 1401 Anwendung finden soll, die Verhältnisse so gelagert sein, daß es dem Manne nicht möglich ist, eine Erklärung abzugeben. Dies wird im Falle der Abwesenheit jedoch nur dann anzunehmen sein, wenn der Mann überhaupt nicht, oder wenn die Zeit drängt, innerhalb der entsprechenden Zeit erreichbar ist oder eine Erklärung von ihm gar nicht oder doch wenigstens nicht rechtzeitig eintreffen kann. Was den Begriff der Krankheit anlangt, so kann es sich um ein körperliches oder geistiges Kranksein handeln; jedoch muß ein solcher Grad gefordert werden, daß eine Erklärung des Mannes nicht möglich ist. Gleichgültig dagegen ist es, ob es sich um eine dauernde oder vorübergehende Verhinderung handelt. Steht der Mann unter Vormundschaft, so ist trotz seiner Krankheit oder Abwesenheit eine Anwendung des § 1401 ausgeschlossen, da mit dem Aufschub keine Gefahr verbunden ist; denn das dem Manne zustehende Verwaltungs- und Nutznießungsrecht wird alsdann durch den Vormund ausgeübt (§ 1409), welcher die Zustimmung erteilen muß. Dies gilt auch im Falle einer Pflegschaft für den in Betracht kommenden Kreis von Angelegenheiten. Dagegen rechtfertigt sich eine analoge Anwendung für den Fall, daß die Voraussetzungen dieser Bestimmungen des § 1401 in der Person des Vormunds oder Pflegers vorliegen [1]).

Abgesehen von den Erfordernissen der Krankheit und Abwesenheit muß mit dem Aufschub des Rechtsstreits Gefahr verbunden sein. Gefahr im Verzuge wird jedoch nur dann anzunehmen sein, wenn der Mann normalerweise, wenn eben eine Behinderung nicht vorgelegen hätte, zur Einwilligung verpflichtet gewesen wäre, d. h. wenn die Führung des Rechtsstreits sich im Interesse einer ordnungsgemäßen Verwaltung des e. G. als notwendig gezeigt hätte. Ist dies nicht der Fall, dann gelten, auch wenn die Voraussetzungen des § 1401 vorliegen, die für eine zustimmungslose Prozeßführung aufgestellten allgemeinen Bestimmungen. Ob die Voraussetzungen des § 1401 gegeben sind, muß jeder Dritte in seinem eigenen Interesse prüfen, der mit einer Frau einen Rechtsstreit führt. Erachtet der Prozeßgegner gegebenenfalls den § 1401 für unanwendbar, so hat das Prozeßgericht zu entscheiden.

Der maßgebende Zeitpunkt für die Beurteilung des Vorliegens der Voraussetzungen des § 1401 ist im Falle des § 1400 Abs. 2 der Zeitpunkt der Klageerhebung oder des ihr gleichstehenden Prozeßaktes. Im Falle des § 1400 Abs. 1 ist die Frau zwar auch ohne Zustimmung des Mannes zur Führung von Rechtsstreitigkeiten ganz allgemein befugt. Allein die Vorschrift bezieht sich auch auf diesen Fall und ihre Bedeutung ruht darin, daß sowohl Frau wie Prozeßgegner ein Interesse daran haben können, daß das ergehende Urteil auch dem Manne gegenüber wirksam ist.

---

[1]) Planck S. 179; Neumann Note IV zu 1401; a. A. Staudinger S. 256 mit der Begründung, daß der Ausnahmecharakter des § 1401 eine ausgedehnte Interpretation verbiete.

Als maßgebender Zeitpunkt für diesen Fall muß der Moment erachtet werden, in dem das Urteil rechtskräftig wird, da bis zu diesem Zeitpunkte mit der Möglichkeit gerechnet werden muß, daß die Verhinderung des Mannes wegfällt. Lag einmal der Tatbestand des § 1401 im entscheidenden Zeitpunkt vor, fällt jedoch später die Behinderung des Mannes weg, so kann deswegen nicht nachträglich eine Erklärung des Mannes gefordert werden.

Die Voraussetzungen des § 1401 können auch während eines vom Manne geführten Prozesses eintreten. Hat der Mann denselben im Namen der Frau geführt, so war diese selbst Prozeßpartei und ist daher jetzt ohne weiteres zur selbständigen Fortführung des Rechtsstreites befugt; keine solche Berechtigung liegt dagegen vor, falls der Mann im eigenen Namen prozessierte. In diesem Falle ist die Fortführung des Rechtsstreites durch die Frau, da ihr § 1401 nicht die Fähigkeit gibt im Namen des Mannes aufzutreten, unmöglich.

II. Eine Zustimmung des Mannes ist ferner nach § 1405 zu solchen Rechtsstreitigkeiten nicht erforderlich, die der vom Manne gestattete Geschäftsbetrieb der Frau mit sich bringt. Hievon wird in § 11 ausführlich die Rede sein.

III. Desgleichen ist durch § 1407 in vier Fällen der Führung von Rechtsstreitigkeiten durch die Frau die Zustimmung des Mannes hiezu für nicht erforderlich erklärt. Ein ohne Zustimmung geführter Rechtsstreit ist daher einem solchen mit Zustimmung geführten in diesen Fällen gleichzusetzen. So wenig jedoch die Ehefrau durch die Zustimmung des Ehemannes zur Prozeßführung im Regelfalle zur Vornahme von Prozeßhandlungen mit Verfügungscharakter befugt wird, ebensowenig wird sie in den Fällen, in welchen die Prozeßzustimmung wegfällt, von der Notwendigkeit entbunden, die rechtsgeschäftliche Zustimmung des Mannes einzuholen, sobald die Vornahme solcher Prozeßhandlungen in Frage kommt; denn durch § 1407 wird der Grundsatz, daß die Frau über e. G. nur mit Zustimmung des Mannes verfügen kann, keineswegs durchbrochen. Die Frau kann demgemäß nicht selbständig über ein zum e. G. gehöriges und im Streit befangenes Recht verzichten, hierüber einen Vergleich abschließen oder ein Anerkenntnis aussprechen. Ebensowenig kann sie, obwohl es ihr zwar unbenommen ist, wegen einer Forderung, über die der Mann ohne ihre Zustimmung verfügt hat, eine Klage oder Widerklage zu erheben, auch im Prozeß mit einer solchen Forderung aufrechnen. Richtet sich in den Fällen des § 1407 der Antrag der Frau auf die Entgegennahme einer Leistung, so hat er auf Leistung an die Frau unter Einwilligung des Mannes zu lauten. Dagegen sind die Erlassung eines Versäumnisurteils und die Klagezurücknahme von dem Vorliegen der Zustimmung nicht abhängig; denn beide sind nur Prozeßhandlungen, die wie eine Verfügung wirken können, aber keine Verfügung sind, da

Verfügungen anerkannten Rechts nur jenes Rechtsgeschäft ist, durch welches der Berechtigte auf ein Recht unmittelbar einwirkt, indem er es beschränkt oder aufgibt.

Die einzelnen Fälle des § 1407 sind folgende:

1. **Die Frau bedarf der Zustimmung des Mannes nicht zur Fortsetzung eines zur Zeit der Eheschließung anhängigen Rechtsstreits** (§ 1407 Nr. 1).

Der in Frage stehende Rechtsstreit kann sowohl Aktiv- als auch, was schon hier bemerkt sein mag, Passivprozeß[1]) sein. Der Begriff des Zeitpunktes der Eheschließung bestimmt sich nach § 1317 BGB., der Begriff der Rechtshängigkeit nach den §§ 253, 262, 281, 693, 695 ZPO. Soweit bei Aktivprozessen der Klageantrag der Frau auf eine Leistung an sie selbst gerichtet ist, muß er nach dem oben Gesagten dahin geändert werden, daß die Leistung an die Frau unter Zustimmung des Ehemannes oder an beide zugleich oder aber eine Hinterlegung für beide Gatten verlangt wird. Eine unzulässige Klageänderung ist hierin nicht zu erblicken[2]).

Für den Mann liegt in dieser, auch ohne seinen Willen möglichen Fortführung eines Rechtsstreites die Gefahr, durch eine nachlässige oder ungeeignete Art der Prozeßführung seiner Frau im Hinblick auf sein Verwaltungs- und Nutznießungsrecht durch die Zwangsvollstreckung geschädigt zu werden; denn nach § 742 ZPO. kann der Gläubiger der Frau auf Grund einer ihm erteilten in Ansehung des e. G. vollstreckbaren Urteilsausfertigung die Zwangsvollstreckung in das e. G. ohne weiteres betreiben, ohne daß die sonst erforderliche Verurteilung des Mannes zur Duldung notwendig wäre. Gegen diese Folgen ist der Mann jedoch nicht wehrlos, sondern er hat die Möglichkeit der Nebenintervention (§ 66 ZPO.), welche ihm einen ausreichenden Schutz gewährt.

Die Bestimmung des § 1407 Nr. 1 findet analoge Anwendung, wenn es sich um einen Rechtsstreit der Frau handelt, dessen Rechtshängigkeit zwar erst während der Ehe eintrat, jedoch erst nach Einführung der Verwaltungsgemeinschaft fortgeführt wird. Der Zeitpunkt der Einführung der Verwaltungsgemeinschaft hat in diesem Falle dieselbe Bedeutung wie der Zeitpunkt der Eheschließung Ein zur Zeit des Eintritts dieses Güterstandes bereits anhängig gewordener Rechtsstreit der Frau ist daher einem zur Zeit der Eheschließung schon anhängigen Prozeß gleichzuachten und bedarf daher ebenfalls zu seiner Fortführung nicht der Zustimmung des Ehemanns. Diese analoge Anwendung gilt sowohl dann, wenn vor dem Eintritt der Verwaltungsgemeinschaft

---

[1]) M. IV S. 246: Wie der Ehemann die auf einem vor Eintritt der ehelichen Nutznießung und Verwaltung vorgenommenen Rechtsgeschäfte der Ehefrau beruhenden, wenngleich erst nach jenem Zeitpunkt eintretenden rechtlichen Wirkungen sich gefallen lassen muß, so auch die rechtlichen Folgen eines bereits vor jenem Zeitpunkt anhängig gewordenen Prozesses.

[2]) Haas in GruchotsBeitr. Bd. 45 S. 42.

Gütertrennung bestanden hat, als auch dann, wenn vorher allgemeine Gütergemeinschaft, Errungenschafts- oder Fahrnisgemeinschaft geherrscht hat[1]).

2. Die Frau bedarf ferner nicht der Zustimmung des Mannes zur gerichtlichen Geltendmachung eines zum eingebrachten Gute gehörenden Rechtes gegen den Mann.

Diese Vorschrift ist eine Durchbrechung des Grundsatzes, von welchem § 1400 Abs. 2 beherrscht ist; denn hienach kann die Frau ein zum e. G. gehörendes Recht im Wege der Klage nur mit Zustimmung des Mannes geltend machen. Würde es sich um die gerichtliche Geltendmachung eines zum e. G. gehörenden Rechtes gegen den Ehemann selbst handeln, so bedürfte die Frau an und für sich hiezu ebenfalls der Zustimmung des Mannes, ihres Prozeßgegners. Diese würde jedoch naturgemäß nur in den seltensten Fällen erteilt werden und da der Frau keine Möglichkeit geboten ist, den Mann zur Erteilung der Prozeßzustimmung zu zwingen, so würde es für die Frau in der Praxis ganz unmöglich sein z. B. eine zum e. G. gehörende Sache vom Manne zu vindizieren oder eine ihr gegen den Mann zustehende, zum e. G. gehörige Darlehensforderung gegen ihn einzuklagen. Diese Möglichkeit mußte jedoch geschaffen werden und so entstand die Ausnahmebestimmung des § 1407 Nr. 2. „Seine Vorschrift bezieht sich, soferne man die der Frau auf Grund der Verwaltung und Nutznießung zustehenden Rechte als Rechte betrachtet, die zu dem e. G. gehören, auch auf diese. Die Frau bedarf also, soweit sie zur gerichtlichen Geltendmachung dieser Rechte nach § 1394 schon während bestehender Verwaltung und Nutznießung berechtigt ist, auch hiezu der Zustimmung des Mannes nicht".[2]) Dagegen werden die der Geltendmachung eines solchen Rechtes gesetzten zeitlichen Schranken (vgl. § 1377 Abs. 3 S. 2, 1389 Abs. 2, 1391, 1394) hiedurch nicht berührt. Die Verjährung solcher Ansprüche ist gemäß § 204 BGB. gehemmt, solange die Ehe besteht.

3. Keiner ehemännlichen Zustimmung bedarf ferner die Frau zur gerichtlichen Geltendmachung eines zum e. G. gehörenden Rechtes gegen einen Dritten, wenn der Mann ohne die erforderliche Zustimmung der Frau über das Recht verfügt hat.[3])

Auch hier liegt eine Ausnahme vom Grundsatz des § 1400 Abs. 2 vor, welche zugleich den Verbotsvorschriften des § 1375, wonach der Mann, von den Ausnahmevorschriften der §§ 1376 bis 1378 abgesehen, über e. G. ohne Zustimmung der Frau nicht verfügen kann, wirksam zu Hilfe kommt und ihnen größeren Nachdruck zu verleihen geeignet ist. Verfügt der Mann über ein zum

---

[1]) Opet Vorbem. 3; Planck Bem. 2 Abs. 3 zu § 1411.

[2]) Planck Bem. 2 zu 1407.

[3]) Diese Vorschrift beruht auf dem Beschluß der 2. Kommission. E. I enthielt eine derartige Bestimmung nicht. (M. IV S. 247 ff.; P. IV 201, 203 f.)

e. G. gehörendes Recht ohne die regelmäßig erforderliche Zustimmung der Frau, so ist klar, daß die Frau dem Manne gegenüber eine solche Verfügung nicht anzuerkennen braucht. Das gleiche gilt einem Dritten gegenüber. In einem solchen Falle würde nun die Frau gegen den Mann nur unter der Voraussetzung des § 1394 und gegen den Dritten gemäß § 1400 Abs. 2 überhaupt nicht vorgehen können. Dieser Zustand wird durch § 1407 Nr. 3 beseitigt. Dritter ist jener, welcher durch die, ohne die geforderte Zustimmung der Frau getroffene Verfügung von Seite des Mannes Subjekt eines solchen zum e. G. gehörenden Rechtes geworden ist, der z. B. durch eine derartige, der notwendigen Zustimmung entbehrenden Uebertragung das Eigentum an einer unverbrauchbaren Sache der Frau erlangt hat[1]). Demgemäß kann ferner die Frau von dem Schuldner auch die Zahlung einer zum e. G. gehörenden Forderung verlangen, wenn der Mann ohne ihre erforderliche Zustimmung auf diese Schuld verzichtet oder durch Annahme der Zahlung aufgehoben hat. Gegebenenfalls kommen jedoch für den Rechtserwerb des Dritten die Vorschriften zugunsten desjenigen, der ein Recht von einem Nichtberechtigten ableitet[2]), zur Anwendung. Strengt die Frau eine Klage an, so macht sie das Recht im eigenen Namen geltend; sie kann auf die Herausgabe der ohne ihre Zustimmung veräußerten Sache an sie klagen. Der Mann ist jedoch berechtigt, die fragliche Sache wieder in Besitz zu nehmen, auch steht es ihm frei, jener Partei, an deren Obsiegen er ein rechtliches Interesse hat, gemäß § 66 ZPO. als Nebenintervenient beizutreten.

4. Schließlich bedarf die Frau der ehemännlichen Zustimmung auch nicht zur gerichtlichen Geltendmachung eines Widerspruchrechtes gegenüber einer Zwangsvollstreckung.

Die Geltendmachung dieses Widerspruchrechtes wäre nach dem Grundsatz des § 1400 Abs. 2 an und für sich ebenfalls an das Erfordernis der ehemännlichen Zustimmung geknüpft. Allein aus doppeltem Grunde ist eine Ausnahmebestimmung geschaffen worden: einmal wegen der notwendigen Raschheit des Verfahrens, andrerseits aus der Erwägung, daß eine solche Zustimmung in vielen Fällen überhaupt nicht gewährt werden würde, da ja dem Manne vielfach die unbehinderte Vollstreckung in das e. G. sehr gelegen käme.

Was nun die Anwendbarkeit des § 1407 Nr. 4 anlangt, so ist es gleichgültig, ob es sich um eine Zwangsvollstreckung wegen einer Geldforderung handelt oder ein auf Vollstreckung gerichtetes Urteil, welches auf Veräußerung einer zum e. G.

---

[1]) Die im Widerspruch zu § 1377 nicht zum Zweck ordnungsmäßiger Verwaltung des e. G. vorgenommenen Verfügungen gehören nicht hieher, da für sie die Zustimmung der Frau nicht gefordert ist.

[2]) Im Gegensatz zu § 1404!

gehörenden Sache geht, in Frage steht.[1]) Hiebei sind zwei Fälle zu unterscheiden.

a) Fälle, in denen sich die Zwangsvollstreckung gegen die Frau selbst richtet, der Widerspruch also in der Form von Einwendungen geltend gemacht wird. Hier kommen in Betracht Einwendungen gegen die Zulässigkeit der Vollstreckungsklausel, ob sie nämlich zur Zeit ihrer Erteilung sowohl formell als auch materiell zulässig war (§ 732 ZPO.), ferner Einwendungen gegen die Art und Weise der Zwangsvollstreckung oder das Verfahren des Gerichtsvollziehers (§ 766), schließlich Einwendungen, welche den durch das Urteil festgestellten Anspruch selbst betreffen, die sog. Vollstreckungsgegenklage (§ 767).

b) Fälle, in denen sich die Zwangsvollstreckung gegen einen Dritten, insbesondere gegen den Mann richtet. Hieher gehören nicht nur die Widerspruchsklage auf Grund eines die Veräußerung hindernden Rechtes an dem Gegenstande der Zwangsvollstreckung (nach § 771), sondern auch der Widerspruch gegen übermäßige Pfändung der Früchte des e. G. (§ 861) und der Anspruch auf vorzugsweise Befriedigung (§ 805).

Nicht hieher gehören dagegen Einwendungen, die in der Geltendmachung eines zum e. G. gehörenden Rechtes bestehen. Für diese Fälle bleiben die allgemeinen Grundsätze bestehen. Demzufolge hat die Frau zwar die Möglichkeit im Wege der Vollstreckungsgegenklage Einwendungen auf Grund eines Erlasses, eines Vergleichs oder des Eintritts der Verjährung geltend zu machen, dagegen kann sie nicht aufrechnen.

Auch hier kann der Mann gemäß § 66 als Nebenintervenient dem Rechtsstreite beitreten; vermöge seines Verwaltungs- und Nutznießungsrechtes ist er jedoch auch befugt, das ihm zustehende Widerspruchsrecht (§ 771) selbständig geltend zu machen.

§ 8.

B. Passivprozesse der Frau.

Macht ein Dritter ein Recht an einer zum e. G. gehörenden Sache geltend oder verlangt er Befriedigung einer Forderung aus dem e. G., so muß er seine Klage gegen die Frau richten; denn für Prozesse über zum e. G. gehörenden Sachen bleibt die Frau beim Güterstand der Verwaltungsgemeinschaft jederzeit passiv legitimiert. Wird nun gegen die Ehefrau ein solcher Rechtsstreit anhängig, so läßt sich allerdings ein Mißstand, nämlich die Entstehung eines relativen Verhältnisses nicht vermeiden. Allein eine Aenderung ist praktisch unmöglich. Auch die Motive beschäftigen

[1]) M. IV S. 247.

sich eingehend mit dieser Frage, ohne jedoch zu einer befriedigenden Lösung zu gelangen.[1]) Denn die Führung eines solchen Passivprozesses kann der Natur der Sache nach von der ehemännlichen Zustimmung nicht abhängig gemacht werden. Auch der naheliegende Gedanke, eine Bestimmung des Inhalts zu treffen, daß solche Prozesse, die den Aktivbestand des e. G. in Mitleidenschaft ziehen, nur gegen Eheleute gemeinschaftlich erhoben werden können, hätte sich in der Praxis als undurchführbar erwiesen; denn eine solche Bestimmung wäre an den Schwierigkeiten gescheitert, welche sofort entstanden wären, wenn man die Passivlegitimation der Ehefrau von der Entscheidung abhängig gemacht hätte, ob es sich in dem zu führenden Prozeß um den Aktivbestand des e. G. oder des Vorbehaltsgutes handle. Einerseits wäre die Lage des Klägers dadurch eine sehr unsichere geworden und andrerseits hätte notwendigerweise das Prozeßgericht in jedem einzelnen Falle von Amts wegen an eine Prüfung der Frage herantreten müssen, ob es sich im konkreten Falle um einen Prozeß gegen den Aktivbestand des eingebrachten oder des Vorbehaltgutes handle. Eine solche Untersuchung würde jedoch in vielen Fällen zu langwierigen Nachforschungen und damit zur Prozeßverschleppung geführt haben, ein Zustand, der weder im Interesse des Klägers noch der Rechtspflege überhaupt gelegen sein kann.

Demgemäß ist nach dem geltenden Recht die Ehefrau selbständig passiv legitimiert und zwar sowohl für persönliche als auch für dingliche, gegen das eingebrachte Gut erhobene Ansprüche (e. c. § 1400 Abs. 2.).[2])

Hieraus folgt auch, daß in einem Prozeß, den der Mann kraft § 1380 im eigenen Namen führt, eine Widerklage gegen ihn auf Grund eines dem Beklagten gegen die Frau zustehenden Anspruchs unzulässig ist.

Trotzdem wird auch in Ansehung der Passivprozesse dem Ehemann ein ausreichender Schutz gewährt und zwar durch die Bestimmung des § 1400 Abs. 1 dahingehend, daß in einem solchen, ohne seine Zustimmung von der Frau geführten Rechtsstreite ein zu ihrem Nachteil erlassenes Urteil dem Manne gegenüber im Hinblick auf das e. G. jeglicher Wirksamkeit entbehrt.

Diese Bestimmung des § 1400 Abs. 1 gilt also vornehmlich für den Passivprozeß der Frau, obwohl sie als Beklagte ohne Zustimmung des Mannes prozessieren darf. Hat jedoch der Mann einem solchen Prozeß seine nichtnotwendige Zustimmung erteilt, so entspricht es der Sachlage und der Absicht der Parteien, im Zweifel einer solchen Einwilligung oder Genehmigung die Wirkung beizulegen, daß das in dem Rechtsstreite, wenngleich zum Nachteil der Ehefrau ergehende Urteil auch in Ansehung des e. G. dem Manne gegenüber volle Wirksamkeit äußert und dem-

---

[1]) M. IV S. 232 f.
[2]) Gaupp-Stein I S. 158; Planck Anm. 11 zu § 1380.

gemäß der erweiterten Rechtskraft fähig wird (§ 325 Abs. 1 ZPO. und § 1400 Abs. 1 BGB.).

Wird die Zustimmung zum Prozesse jedoch versagt, so liegt der Unterschied gegenüber der eigenmächtigen Führung von Aktivprozessen darin, daß beim Passivprozeß der Frau das Feststehen des Mangels der ehemännlichen Zustimmung eine Verurteilung der Frau nicht hindert. Denn eine solche Verurteilung ist der Frau gegenüber keineswegs wirkungslos, sondern hat vielmehr zur Folge, daß ein solches Urteil in ihr Vorbehaltsgut und nach Beendigung der Verwaltungsgemeinschaft auch in das bisher eingebrachte Gut vollstreckt werden kann.

§ 9.

Wirkungen des Urteils.

1. Der Frau gegenüber.

Nach § 1400 Abs. 1 ist für alle von der Frau geführten Prozesse das Vorliegen der ehemännlichen Zustimmung insoferne von Bedeutung, als beim Mangel derselben das Urteil dem Manne gegenüber in Ansehung des eingebrachten Gutes keinerlei Wirkung äußern kann. Hieraus ergibt sich die Frage, welche Wirkung ein in einem ohne Zustimmung des Mannes von der Frau geführten Rechtsstreit ergehendes Urteil gegenüber der Frau zu äußern imstande ist.

Es muß hier zwischen dem Vorbehaltsgut und dem eingebrachten Gut unterschieden werden.

Was das Vorbehaltsgut anlangt, so äußert ihm gegenüber das Urteil gleich von Anfang an seine volle Wirksamkeit und der Kläger kann im Falle der Verurteilung der Frau ohne weiteres in ihr Vorbehaltsgut vollstrecken. Das gleiche gilt aber auch im Hinblick auf das eingebrachte Gut, sobald auf irgendeine Weise die Beendigung des ehelichen Verwaltungs- und Nutznießungsrechtes eintritt.[1]) Denn abgesehen von der durch § 1400 Abs. 1 festgesetzten Einschränkung, die eben nur im Interesse des Mannes getroffen ist, dessen Verwaltungs- und Nutznießungsrecht vor den Gefahren, die eine leichtsinnige und unmotivierte Prozeßführung der Frau mit sich bringen würde, geschützt werden soll, äußert das Urteil volle Wirksamkeit und die Frau kann die Geltendmachung seiner Rechtskraft nicht etwa dadurch hindern, daß sie sich auf den Mangel der Zustimmung ihres Ehemanns zur Prozeßführung beruft.

---

[1]) s. Aronius in GruchotsBeitr. 1901 S. 255; Meikel, BlfRA. Bd. 65 Hellwig, Anspruch S. 317.

2. Dem Manne gegenüber.

a) Bei mangelnder Zustimmung.

Wurde der Rechtsstreit von der Frau ohne die Zustimmung des Mannes geführt, so kann das Urteil dem Manne gegenüber in Ansehung des eingebrachten Gutes keinerlei Wirkung äußern.[1]) Soweit demgemäß durch das ergehende Urteil die Rechte des Mannes auf die Verwaltung und Nutznießung des e. G. berührt werden, kann dasselbe nicht geltend gemacht werden und es macht auch keinen Unterschied, ob es zugunsten oder Ungunsten der Frau ergangen ist. Eine Rechtskraftwirkung des Urteil kann weder für noch gegen den Mann in Feld geführt werden, soweit diese sich auf das e. G. beziehen würde. Der Mann kann vielmehr, selbst wenn der Dritte ein siegreiches Urteil gegen die Ehefrau erstritten haben sollte, kraft seines eigenen Rechtes ruhig eine neue Klage erheben, ohne daß ihm aus der Person der Ehefrau die Einrede der rechtskräftig entschiedenen Sache wirksam entgegengehalten werden könnte. Dies kann dann, wenn der Mann den Prozeß gewinnt, zur Folge haben, daß z. B. eine vom Manne erstrittene Servitut während der Dauer der Verwaltungsgemeinschaft zu Recht ausgeübt wird. In demselben Momente jedoch, wo die Verwaltung und Nutznießung des Ehemannes aus irgendeinem Grunde aufhört, verliert das vom Manne erstrittene Urteil seine Gültigkeit wieder und es treten jetzt die Wirkungen des vorher gegen die Frau ergangenen Urteils ein, dessen Lebenskraft erst in diesem Zeitpunkt geltend gemacht werden kann.[2])

Würde nach Verurteilung der Frau zur Leistung, der Mann zur Duldung der Zwangsvollstreckung verklagt, so könnte er sich vor allem seiner Duldungspflicht widersetzen. Er hätte jedoch auch das Recht, trotzdem das gegen die Frau ergangene Urteil bereits rechtskräftig geworden wäre, die Leistungspflicht der Frau selbst zu bestreiten.[3]) Denn die Frau ist nach der allgemeinen Vorschrift des § 1395 zur Vornahme von Vollstreckungshandlungen, die sich zugleich als eine Verfügung über das e. G. darstellen, wie es hier die Leistung des von der Frau Geschuldeten im Falle der Verurteilung wäre, nur mit Zustimmung des Mannes befugt.

Im übrigen beantwortet sich die Frage, ob ein Gläubiger der Frau aus dem e. G. Befriedigung verlangen kann, nach der Vorschrift der §§ 1411—1414. Die Zustimmung des Mannes zur Prozeßführung der Frau ist hier ohne Bedeutung.

b. Bei erteilter Zustimmung.

Hat der Mann der Prozeßführung seiner Frau zugestimmt oder ist seine Zustimmung gemäß §§ 1401, 1407 nicht erforderlich, so ist

---

[1]) Gaupp-Stein I S. 158; Seuffert I S. 85.
[2]) M. IV S. 232; Aronius a. a. O. S. 255.
[3]) RGE. Bd. 56 S. 73 ff.; Gaupp-Stein I S. 158f.

vor allem daran festzuhalten, daß das Urteil jetzt nicht etwa gegen den Mann persönlich oder dessen Vermögen wirkt, sondern lediglich in Ansehung des eingebrachten Gutes der Frau vollwirksam wird. Jedoch ist dies nicht so zu verstehen, als ob nun der Gläubiger ohne weiteres die Zwangsvollstreckung in das e. G. der Frau betreiben könnte.[1]) Er bedarf vielmehr auch in diesen Fällen eines doppelten Titels: einmal des Leistungstitels gegen die Frau, dann des Titels auf Duldung der Zwangsvollvollstreckung gegenüber dem Manne, da gemäß § 739 ZPO. bei dem Güterstand der Verwaltung und Nutznießung die Zwangsvollstreckung in das e. G. der Ehefrau erst dann zulässig ist, wenn die Ehefrau zur Leistung und der Ehemann zur Duldung der Zwangsvollstreckung in das e. G. verurteilt ist.

Diese beiden Prozesse müssen durchgeführt werden, gleichviel ob der Mann der Führung des Rechtsstreites zugestimmt hat oder nicht. Die Wirkungen des gegen die Frau ergangenen Urteils haben lediglich hinsichtlich des Umfanges der Rechtskraft [2]) Bedeutung. Denn nach § 325 ZPO. wirkt ein rechtskräftiges Urteil an und für sich nur für und gegen die Parteien. Hat aber der Mann der Prozeßführung seiner Frau zugestimmt oder war seine Zustimmung nicht erforderlich, so wirkt das rechtskräftige Urteil, obwohl der Mann in dem geführten Prozeß gar nicht Partei war, nicht nur gegen die Frau sondern auch gegen ihn.[3])

Wird daher nach der Verurteilung der Frau zur Leistung gegen den Mann auf Duldung der Zwangsvollstreckung geklagt, so ist, falls der Mann früher seine Zustimmung zur Prozeßführung erteilt hatte oder diese Zustimmung nicht nötig war, ein Vorbringen dahinlautend, daß das Urteil gegen die Frau zu Unrecht ergangen sei, ausgeschlossen. Der Mann kann solchenfalls nur geltend machen, daß gemäß §§ 1412—1414 BGB. das e. G. für die in Frage stehende Verbindlichkeit der Frau überhaupt nicht hafte.

Hat dagegen der Mann seine notwendige Zustimmung verweigert, so kann er nunmehr der gegen ihn erhobenen Klage gegenüber alle Einwendungen geradeso geltend machen, als ob ein Urteil gegen die Frau überhaupt nicht ergangen wäre.

„Durch die Zustimmung des Mannes zur Prozeßführung der Frau wird also, wie sich Krückmann (S. 405) zutreffend ausdrückt, dem Gläubiger der Prozeß gegen den Mann auf Duldung der Zwangsvollstreckung zwar nicht erspart aber erleichtert.“[4])

---

[1]) Aronius a. a. O. S. 255 f.

[2]) Vgl. über Rechtskraft: Mendelssohn-Bartholdy, Grenzen der Rechtskraft (1900); Hellwig, Wesen und subjektive Begrenzung der Rechtskraft (1901); ferner Hellwig, Klagerecht S. 316 ff.

[3]) Seuffert I S. 85, 523; Gaupp-Stein I S. 158 f.

[4]) Staudinger IV S. 252.

§ 10.

Geltendmachung eines zum eingebrachten Gut gehörenden Rechtes im Wege der Klage durch die Frau trotz mangelnder Aktivlegitimation.

I. § 1400 Abs. 2 bestimmt, daß die Ehefrau ein zum eingebrachten Gut gehörendes Recht im Wege der Klage nur mit Zustimmung des Mannes geltend machen kann. Der Mangel dieser Zustimmung entzieht daher der Frau die Aktivlegitimation zur klageweisen Geltendmachung des fraglichen Rechts und eine trotzdem angestrengte Klage ist demgemäß abzuweisen.

Lebhafter Streit besteht jedoch darüber, ob es lediglich Sache des Beklagten[1]) ist, den Mangel der Zustimmung einzuwenden, oder ob hier Berücksichtigung von Amts wegen[2]) geboten sei. Bis jetzt sind weder Theorie noch Praxis zu einem endgültigen Resultat gekommen.

Zur näheren Orientierung über diese Frage mag hier eine Zusammenstellung der wichtigsten Ansichten folgen.[3])

Die Motive[4]) führen aus: Die Ehefrau ist darnach in Ansehung der Erhebung eines solchen Rechtsstreites ohne Einwilligung oder Genehmigung des Ehemannes, wenngleich prozeßfähig, doch zur Sache nicht legitimiert, woraus folgt, daß eine von ihr ohne Einwilligung oder Genehmigung des Ehemanns erhobene Klage der hier fraglichen Art von Amts wegen abzuweisen ist.

Den gleichen Standpunkt vertritt Planck[5]): Ohne die Zustimmung fehlt der Frau zwar nicht die Prozeßfähigkeit, aber die Aktivlegitimation. Das Vorhandensein der Zustimmung ist zur Begründung der Klage erforderlich; fehlt die Zustimmung, so ist die Klage abzuweisen und zwar auch dann, wenn der Beklagte nicht erschienen ist.

Ebenso führt Schmidt[6]) aus: Diese Zustimmung bildet einen Teil der von der Frau zu beweisenden Sachlegitimation (nicht einen Teil der Prozeßvoraussetzungen des § 56 ZPO.). Die Frau muß sich deshalb auf die Zustimmung des Mannes bereits in der Klage oder nachträglich in der mündlichen Verhandlung beziehen und den Beweis hiefür erbringen. Bei mangelnder

---

[1]) Immerwahr in DJurZ. 1901 S. 245 ff.; Ullmann im ArchZivPrax. Bd. 92 S. 298 ff. und a. a. O. S. 119 ff.; Grünwald im „Recht" 1901 S. 61 ff.; Hachenburg a. a. O. S. 417; Jolly im ArchZivPrax. Bd. 93 S. 462. RGE. in GruchotsBeitr. Bd. 39 S. 1118.

[2]) Staudinger S. 253, M. IV S. 232; Planck Bem. 1, b; Opet Bem. 6; Schmidt Bem. 2 a α; Neumann Note III 2, b; Endemann II § 177 Ziff. 3 α; Aronius in GruchotsBeitr. Bd. 45 S. 259; Rosin in DJZ. 1901 S. 530; Meyer in BlfRA. Bd. 64 S. 66; Meikel ebenda Bd. 65 S. 172 ff.; Hellwig, Anspr. und Klagerecht S. 314; vgl. ferner Gaupp-Stein Bem. IV A a 1 zu § 52; Seuffert Bem. 7, 1 a zu §§ 51, 52; Petersen I § 52, 8.

[3]) S. auch Wieruskowski a. a. O. S. 534 Anm. 89.

[4]) IV S. 232.

[5]) Note 1 zu § 1400.

[6]) im Hölderschen Kommentar Note 2 a zu § 1400.

Zustimmung ist die Klage abzuweisen. Da es sich um eine nicht schlüssige Klagebegründung handelt, ist der Mangel der ehemännlichen Zustimmung von Amts wegen, auch bei Nichterscheinen der Gegenpartei zu berücksichtigen.

Aronius[1]) führt aus: die Frau „kann nur" mit Zustimmung des Mannes wegen des Eingebrachten klagen; die Zustimmung ist also materielle Voraussetzung ihres Klagerechtes und erst die Behauptung der erteilten Zustimmung und deren Nachweis legitimiert die Frau aktiv zur Klage. Die Frau ist also beim Mangel dieser Behauptung, auch wenn Beklagter im Termine nicht erscheint, abzuweisen, ebenso wie A abzuweisen ist, der von B 100 Mark fordert mit der Behauptung, C habe diese dem B geliehen, aber ohne die weitere Behauptung, C habe ihm die Forderung abgetreten. Beim Mangel der Behauptung, der Ehemann habe der Prozeßführung zugestimmt, fehlt ein die Frau aktiv legitimierendes materielles Tatbestandsmoment, so daß das tatsächliche Vorbringen der Ehefrau den Klageantrag nicht rechtfertigt.

Anderer Ansicht ist Hachenburg[2]). Er geht, übereinstimmend mit den Protokollen[3]) davon aus, daß es sich bei der Zustimmung des Mannes nicht um eine Prozeßvoraussetzung, sondern um die Einrede der mangelnden Aktivlegitimation handle und fährt dann fort: Diese Konstruktion ist insoweit zutreffend, als zweifellos das materielle Recht der Frau in Frage steht. Dagegen ist es kein Bestreiten ihrer Aktivlegitimation, d. h. der Zugehörigkeit des Rechtes, sondern ein Behaupten der mangelnden Reaktionsfähigkeit desselben in der Person der Frau, ähnlich wie bei der materiell rechtlichen Einrede der mehreren Streitgenossen. Ob aber daraus folgt, wie die Motive (IV S. 232) annehmen, daß eine solche ohne Einwilligung des Mannes erhobene Klage von Amts wegen abzuweisen ist, ist denn doch zweifelhaft. Aus dem eigenen Klagevorbringen der Frau läßt sich nicht ersehen, daß es sich um e. G. handelt. Und selbst, wenn dies der Fall ist, so kann die Zustimmung des Mannes ja auch mündlich erfolgt sein. Oder der Mann ist infolge von Abwesenheit oder Krankheit verhindert, die Zustimmung zu erteilen. Vielleicht trägt gerade deshalb, weil er dies weiß, der Beklagte keine Einwendung gegen die Klage der Frau vor. Da wäre eine Abweisung ex officio doch schwer zu begründen. Eine Vermutung für die Zugehörigkeit zum e. G. kennt das Gesetz nicht. Immerhin wird es ratsam sein, bei einem Prozesse über Vorbehaltsgut, diese Eigenschaft in der Klage zu erwähnen, bei einem solchen über e. G. eine urkundliche Zustimmung des Mannes der Klage anzuschließen. Denn ein Gericht könne ja auch der Ansicht der Motive beipflichten.

---

[1]) GruchotsBeitr. Bd. 45 S. 259.
[2]) Das BGB. für das das Deutsche Reich, Vorträge, 2. Aufl. S. 417.
[3]) IV S. 180.

Gegen diese Ansicht wendet sich Rosin[1]), indem er u. a. ausführt: Hachenburg stellt die „mangelnde Reaktionsfähigkeit" und die „Zugehörigkeit des Rechts" gegenüber und konstruiert sich so einen Gegensatz, der nicht vorhanden ist. Die „mangelnde Reaktionsfähigkeit" soll doch nichts anderes bedeuten, als daß das Recht der Ehefrau zwar zusteht, aber in ihrer Person nicht reagiert, daß sie es also mit nicht mehr Wirkung geltend machen kann, als irgendein fremdes, ihr nicht zustehendes Recht, d. h. ja aber eben, daß ihr die Sachlegitimation fehlt. Hachenburg macht noch weiter geltend, daß sich der Richter, wenn über die Zustimmung des Ehemannes nichts gesagt ist, mit dieser Frage nicht zu beschäftigen brauche, da sich aus dem eigenen Klagevorbringen der Frau nicht ersehen lasse, daß es sich um e. G. handle und die Zustimmung auch mündlich erfolgt sein könne. Auch das scheint nicht richtig. Im Zweifel wird man stets annehmen müssen, daß zwischen Ehegatten das gesetzliche Güterrecht herrscht und für dieses gilt gemäß § 1363 BGB. als Regel, daß das Vermögen der Frau durch die Eheschließung e. G. wird. Der Richter muß also, wenn eine Ehefrau klagt, ihre Sachlegitimation prüfen, er kann nicht etwa deshalb, weil die Zustimmung des Mannes in der Klage nicht erwähnt wird, vermuten, daß es sich nicht um e. G. handelt. Für eine solche Vermutung der Ausnahme von der Regel hätte es einer besonderen gesetzlichen Bestimmung bedurft.

Hellwig[2]) steht auf dem gleichen Standpunkt, indem er ebenfalls zur Begründung ausführt, daß das BGB. sowohl die Geltung des gesetzlichen Güterstandes als die Zugehörigkeit zum Ehegut als Regel annehme.

Desgleichen ist auch Eccius[3]) der Ansicht, daß der Richter, wenn sich aus der Klage ergibt, daß eine deutsche Ehefrau klagt, seiner Entscheidung die Annahme zugrunde legen müsse, daß der gesetzliche Güterstand herrsche.

Ullmann[4]) geht davon aus, daß durch die Bestimmung des § 1400 Abs. 2 lediglich die Verfügungsbefugnis der Frau nach einer bestimmten Richtung hin beschränkt werden sollte, nämlich dahin, daß der Frau das Recht, vom Gericht eine den streitigen Anspruch anerkennende Entscheidung zu fordern, die Sachbefugnis, während der Dauer der Verwaltung und Nutznießung nicht zustehen sollte. „Da nun keine Offizialpflicht des Richters besteht, die Sachbefugnis zu prüfen, so muß er die Frage, ob der Mann seine Zustimmung gegeben, so lange unberücksichtigt lassen, als bis die Einrede erhoben wird, daß die Zustimmung fehle, genau so, wie es der Richter unberücksichtigt lassen muß, ob eine ursprünglich dem Kläger noch zustehende Forderung ihm jetzt noch zusteht und dies selbst dann, wenn er vermutet oder gar außerhalb des

---

[1]) DJZ. 1901 S. 530 f.

[2]) Anspruch und Klagerecht S. 314.

[3]) GruchotsBeitr. Bd. 46 S. 169.

[4]) Das gesetzliche eheh. Güterrecht in Deutschland 2. Aufl. S. 120.

Prozesses erfahren hat, daß die Forderung dem Kläger nicht zusteht, es sei denn, daß der Kläger selbst es sagt, daß die Forderung dem Kläger nicht mehr zustehe. Eine gesetzliche Vermutung dafür, daß eine Ehefrau im Güterstande der Verwaltung und Nutznießung lebt, besteht nicht; auch nicht einmal der Regel des Lebens entspricht es, daß dieser Güterstand besteht. Und ebensowenig weiß der Richter, ob nicht etwa hinsichtlich der Klageforderung der Güterstand der Verwaltung und Nutznießung ausgeschlossen ist. Der Richter kann niemals von Amts wegen berücksichtigen, daß der Frau vielleicht die Verfügungsbefugnis in Ansehung der Klageforderung fehlt, selbst wenn die Frau im Güterstande der Verwaltung und Nutznießung lebt. Es gehört deshalb keineswegs zur Klagebegründung die Behauptung, daß der Mann die Zustimmung erteilt habe und deshalb ist eine Klageabweisung wegen des Mangels dieser Behauptung unzulässig".

Was die Praxis anlangt, so liegen hier zwei sich widersprechende Entscheidungen des Reichsgerichts vor. Die eine[1]) führt bezüglich der preußisch-rechtlichen Verwaltungsgemeinschaft aus: Denn es handelt sich hierbei um eine Einrede aus dem materiellen Recht, die vorgeschützt werden mußte, um berücksichtigt zu werden, nicht um die Geltendmachung etwa eines Mangels in der Prozeßfähigkeit — — — ; der von Amts wegen hätte berücksichtigt werden können.

In der anderen Entscheidung[2]) dagegen heißt es: Die Beklagte hat gerügt, daß ihre Sachlegitimation nicht von Amts wegen hätte berücksichtigt werden dürfen, nachdem unter den Parteien dieselbe nicht in Zweifel gezogen gewesen sei. — Dieser Angriff trifft jedoch nicht zu, da es sich nach der Auffassung des Kammergerichts um einen Mangel in der rechtlichen Begründung der Klage, bzw. Widerklage handelt.

Die ganze Frage hat nicht nur theoretische, sondern auch eine erheblich praktische Bedeutung. Denn falls man sich zu der Ansicht bekennt, daß zur Substantiierung der Klage der Frau die Behauptung der ehemännlichen Zustimmung gehöre, — und dies ist, wie aus dem bisher Gesagten ersichtlich die herrschende Meinung —, so ist beim Mangel dieser Behauptung die Erlassung eines Versäumnisurteils nicht angängig; die Klage ist vielmehr abzuweisen, da das als zugestanden anzunehmende tatsächliche mündliche Vorbringen der Klägerin den Klageantrag nicht rechtfertigt (§ 331 ZPO.).

II. Durch § 1400 Abs. 2 soll, wie schon mehrfach erwähnt, lediglich die Verfügungsbefugnis der Frau nach einer gewissen Richtung hin beschränkt werden; die Frau soll für diese Fälle während der Dauer der Verwaltungsgemeinschaft die Sachlegitimation nicht haben.

---

[1]) Gruchots Beitr. Bd. 39 S. 1118.
[2]) Gruchots Beitr. Bd. 39 S. 306.

a) Diese Sachbefugnis kann der Frau lediglich durch die Zustimmung des Mannes zur Prozeßführung erteilt werden. Allein diese Zustimmung des Ehemanns ist nicht Prozeßvoraussetzung im Sinne des § 56 ZPO., wie die Parteifähigkeit, Prozeßfähigkeit, Legitimation eines gesetzlichen Vertreters oder die erforderliche Ermächtigung zur Prozeßführung, deren Vorliegen vom Beginne der mündlichen Verhandlung an bis zur Erlassung des Urteils von Amts wegen zu berücksichtigen und worüber jegliche Disposition der Parteien ausgeschlossen ist.

Eine solche Offizialpflicht des Richters, auch die Sachbefugnis einer als Klägerin vor Gericht auftretenden Ehefrau zu prüfen, besteht nicht; denn von einer solchen Prüfung der Sachbefugnis ist nirgends die Rede.

Eine Prüfung des Vorliegens der ehemännlichen Zustimmung von Amts wegen dergestalt, daß eine Disposition der Parteien, wie nach § 56 ZPO. auch über diesen Punkt ausgeschlossen wäre, findet daher nicht statt und wenn die Zustimmung behauptet wird, so kann sie durch das Verhalten des Beklagten (Geständnis usw. §§ 288, 138, 331 ZPO.) als vorliegend betrachtet werden und das Gericht hat dann die Sachlegitimation der Frau anzunehmen, selbst wenn sie ihr in Wirklichkeit gar nicht zustehen sollte.

b) Wird keine Zustimmung behauptet, strengt also die Frau ohne Zustimmung ihres Ehemannes eine Klage über ein zum eingebrachten Gut gehörendes Recht an, so macht sie, da § 1400 Abs. 2 BGB. die Zustimmung des Mannes zur Voraussetzung hat, einen Anspruch geltend, der ihr nach materiellem Recht nicht zusteht. Es fehlt ihr daher die Sachlegitimation. Nun ist aber die Sachlegitimation ein Teil, nämlich subjektive Seite des Klagegrundes, d. h. der Summe jener Tatsachen, welche nach materiellem Recht den Klageantrag als gerechtfertigt erscheinen lassen.

Gemäß § 253 ZPO. muß nun der Klageschriftsatz die bestimmte Angabe des Grundes des erhobenen Anspruchs und damit auch der Sachlegitimation des Klägers enthalten. Diese bedarf allerdings unter Umständen keiner Erwähnung, nämlich immer dann, wenn ihr Vorliegen als selbstverständlich zu erachten ist; dagegen muß ein besonderer Nachweis ihres Vorhandenseins in bestimmten Fällen geführt werden, z. B. wenn nicht die ursprünglichen Subjekte des materiellen Rechtsverhältnisses, sondern Rechtsnachfolger als Parteien auftreten.

Ohne auf den ganzen Streit über Substantiierungs- oder Individualisierungstheorie hier einzugehen, muß behauptet werden, daß eine Ehefrau, falls sie ein zum e. G. gehörendes Recht im Wege der Klage in ihrem eigenen Namen geltend machen will, ihre Sachlegitimation in der Klageschrift nachzuweisen hat.

III. Die herrschende Meinung ist zu diesem Ergebnis auf folgendem Wege gelangt:

Sie sagt, es muß davon ausgegangen werden, daß die Geltung des ordentlichen gesetzlichen Güterstandes die Regel bildet. Allerdings ist eine solche Vermutung nirgends ausdrücklich ausgesprochen, allein nach BGB. §§ 1363, 1371 verbunden mit §§ 1431, 1435, sowie § 34 GBO. herrscht, wenn auch stillschweigend, die Präsumtion, daß jede Ehefrau im gesetzlichen Güterstande lebt und ihr Vermögen eingebrachtes Gut ist. Demgemäß hat, wer den Nichteintritt oder Wegfall dieses Güterstandes behauptet, die Voraussetzungen für diese Abweichung von der Regel zu beweisen.[1]) Ebenso bildet es die Regel, daß ein Bestandteil des Frauenvermögens zum eingebrachten Gut gehört, während die Eigenschaft als Vorbehaltsgut als Ausnahme zu betrachten ist.[2]) Demgemäß wird vermutet, daß das gesamte Frauenvermögen zum eingebrachten Gut gehört, und dies hat wiederum zur Folge, daß derjenige, welcher hinsichtlich eines bestimmten Vermögensstückes Vorbehaltsguteigenschaft geltend macht, beweispflichtig wird.)

Aus diesen Erwägungen heraus ist daher im Falle eine deutsche Ehefrau klagt, zu vermuten, daß diese im Güterstand der Verwaltungsgemeinschaft lebt und ihr Vermögen eingebrachtes Gut ist. Es ist ferner zu berücksichtigen, daß eine solche Ehefrau ein zum e. G. gehörendes Recht im Wege der Klage nur mit Zustimmung des Ehemannes geltend machen kann.

Klagt die Ehefrau, so hat die Klageschrift alle jene Tatsachen anzugeben, welche den Klageanspruch rechtfertigen; es müssen daher alle Tatsachen vorgetragen sein, aus denen sich nach den allgemeinen Rechtsgrundsätzen ergibt, daß der Frau das klageweise geltend gemachte Recht zusteht und ferner jene Tatsachen, welche die Rechtsverletzung ergeben. Mit Rücksicht auf die Rechtsvermutung, daß im gegebenen Falle die Verfügungsbefugnis der Frau in Ansehung des den Gegenstand der Klage bildenden Rechtes eingeschränkt ist, muß jedoch auch die Sachlegitimation der Frau dargelegt werden, sei es nun, daß die Zustimmung des Mannes oder Vorbehaltseigenschaft oder das Vorliegen von Tatsachen, bei welchen sich die Zustimmung erübrigt, behauptet werden.

Die Klage bedarf daher, um schlüssig zu sein, der Behauptung und im Bestreitungsfalle des Beweises, daß die Zustimmung des Mannes vorliege oder nicht notwendig sei. Enthält die Klage diese Behauptung nicht, so ist sie nicht schlüssig und deshalb, soferne sie nicht auf Frage (§ 139 ZPO.) ergänzt wird, als unbegründet abzuweisen, selbst wenn der Gegner diesen Mangel gar nicht rügt. Das gleiche gilt beim Ausbleiben des Beklagten. Denn es ist kein Versäumnisurteil gegen ihn zulässig, da das als zugestanden anzunehmende tatsächliche mündliche Vorbringen des Klägers den Klageantrag nicht rechtfertigt.

---

[1]) Staudinger IV S. 172; Gaupp-Stein I S. 156.
[2]) M. IV S. 163.
[3]) Planck Bem. 5; Neumann Vorbem. III 1, b.

IV. Wie man sieht, basiert die herrschende Lehre auf der Auffassung, daß der Richter, falls eine deutsche Ehefrau klagt, ohne weiteres annehmen müsse, daß ihre Ehe vom gesetzlichen Güterstand der Verwaltung und Nutznießung beherrscht werde.

Diese Ansicht hat zuerst in Ullmann einen entschiedenen Gegner gefunden, welcher mehrfach darauf hinwies, daß das BGB. zwar den gesetzlichen Güterstand eintreten lasse, wenn ein vertraglicher Güterstand nicht begründet sei, daß aber eine Vermutung dafür, daß der gesetzliche Güterstand herrsche, im Gesetz durchaus nicht aufgestellt sei.[1])

Ich glaube, daß man dieser, der herrschenden Lehre widersprechenden Ansicht Ullmanns wird beitreten müssen, gleichwohl aber zu demselben Resultate wie die herrschende Lehre gelangen kann.

1. Vor allem muß daran festgehalten werden, daß das BGB. keine Vorschrift enthält, welche eine Vermutung für das Bestehen der Verwaltungsgemeinschaft ausdrücklich bestimmt. Auch die Motive sprechen nirgends von einer solchen Vermutung, die man aus § 1363 BGB. abgeleitet hat.[2]) Ob man jedoch gesetzliche Vermutungen im Wege der Auslegung aus anderen Rechtssätzen gewinnen kann, ist eine sehr bestrittene Frage, dies umsomehr bei der Konstruktion des BGB., welches seine gesetzlichen Vermutungen überall deutlich ausgesprochen hat. Warum es dann gerade eine Beweisregel von so weittragender Bedeutung, wie die von der herrschenden Lehre aufgestellte, nicht ebenfalls ausdrücklich normiert hätte, ist nicht einzusehen. Es hätte vielmehr auch in diesem Falle einer klaren Bestimmung des Gesetzes bedurft.

Wollte man aber aus der Tatsache, daß das BGB. die Verwaltungsgemeinschaft als das Normalgüterrecht aufgestellt hat, den Schluß ziehen, daß der Richter, falls eine deutsche Ehefrau klagt, diesen Güterstand solange als bestehend anzunehmen habe, bis ihm das Gegenteil bewiesen werde, so könnte man dies doch nur für die nach dem 1. Januar 1900 abgeschlossenen Ehen tun.[3]) Denn eine Vermutung für das Bestehen der Verwaltungsgemeinschaft in Gegenden anzunehmen, in denen die altrechtlichen gesetzlichen Güterstände in einen ganz anderen Güterstand als den der Verwaltungsgemeinschaft des BGB. übergeleitet worden sind,[4]) würde einfach in keiner Weise den Tatsachen entsprechen. Eine solche Vermutung könnte man daher nur für jene Gebiete annehmen,

---

[1]) a. a. O. S. 121. Desgl. Wieruszowski a. a. O. S. 187 ff.

[2]) Die Anführung der §§ 1371 verbunden mit 1431, 1435 BGB., sowie § 34 GBO. durch Gaupp-Stein beweisen doch nur, daß die Verwaltungsgemeinschaft der normalerweise eintretende Güterstand ist.

[3]) so Opet S. 219 f.

[4]) so wurden in Rheinpreußen die altrechtlichen gesetzlichen Güterstände in einen der gütergemeinschaftlichen Güterstände des BGB., in Lippe und Braunschweig in die Gütertrennung übergeleitet. Siehe „Uebersicht über die übergeleiteten und nicht übergeleiteten Güterstände" bei Wieruszowski S. 147 ff.

deren Güterstände auch tatsächlich in die Verwaltungsgemeinschaft des BGB. übergeleitet worden sind. Damit wäre aber schon ein großer Zwiespalt gegeben und da man die Vermutungsfrage des BGB. doch nicht verschieden beantworten könnte, so wäre die Anwendung der Vermutung auf die nach dem 1. Januar 1900 abgeschlossenen Ehen beschränkt. Auf diese Weise würde sie jedoch ihren praktischen Wert zum großen Teile verlieren, ganz abgesehen davon, daß dann immerhin noch der Mann Reichsausländer sein und sich sohin der gesetzliche Güterstand gemäß § 15 EG. z. BGB. nach dem Rechte der Staatsangehörigkeit desselben bestimmen könnte. Auch hierüber müßte also die Vermutung hinwegsehen. Aus all diesen Gründen wird man aber wohl zu dem Schlusse kommen müssen, daß sich eine gesetzliche Vermutung für das Bestehen des Güterstandes der Verwaltungsgemeinschaft nicht rechtfertigen läßt, wenngleich eine tatsächliche Vermutung, ein hoher Grad von Wahrscheinlichkeit für sein Vorliegen sprechen wird.

2. Die Forderung, daß eine Ehefrau im Falle des § 1400 Abs. 2 ihre Sachlegitimation behaupten müsse, ist jedoch auch ohne Anerkennung einer solchen Vermutung zu bejahen.

Einer der leitenden Grundsätze des geltenden Zivilprozeßrechtes ist bekanntlich die sogenannte Verhandlungsmaxime, wonach es Sache der Parteien ist, für die Beschaffung der tatsächlichen Urteilsunterlage Sorge zu tragen und wonach der Richter die Wahrheit einer gegen die andere Partei vorgebrachten Tatsache solange nicht nachzuprüfen hat, als die angegriffene Partei dies Vorbringen unbestritten läßt oder ihre Absicht der Bestreitung nicht aus ihren übrigen Erklärungen hervorgeht.

Dagegen ist es Amtspflicht des Richters auf das Parteivorbringen die gesetzlichen Bestimmungen anzuwenden und an der Hand der einschlägigen Gesetzesnormen zu prüfen, ob das Parteiverlangen gerechtfertigt ist. Rechtfertigt das tatsächliche Vorbringen des Klägers sein Begehren, so wird er mit der Klage durchdringen, während er gegenteiligen Falles, sogar bei Versäumnis des Gegners, mit seiner Klage abzuweisen ist (§ 331 Abs. 2 ZPO.).

Aus diesem tatsächlichen Vorbringen des Klägers muß jedoch auch seine Befugnis zur prozessualen Geltendmachung des Streitgegenstandes, d. h. seine Sachlegitimation hervorgehen, wenngleich ihr Vorliegen eines besonderen Nachweises nur dann bedarf, wenn sie nicht als selbstverständlich erscheint.

Nun kann sich aber ein Richter der Erfahrung nicht verschließen, daß nach BGB. jede Ehefrau durch den Eintritt des ihre Ehe beherrschenden Güterstandes regelmäßig eine Beschränkung ihrer Befugnis zu Verfügungen über ihr Vermögen und zur gerichtlichen Geltendmachung ihrer Vermögensrechte erleidet und daß sich diese Beschränkung grundsätzlich auf ihr gesamtes Vermögen erstreckt, daß von diesem Grundsatze der Verfügungsbeschränkung lediglich ein einziger Güterstand eine Ausnahme macht: die Gütertrennung, daß jedoch dieser, falls er nicht durch Ehevertrag eingeführt wird, nach den gesetzlichen Bestimmungen nur in Ausnahmefällen eintritt (§§ 1364, 1587, 1426, 1470, 1549, 1545 BGB.).

Der gleiche Erfahrungssatz gilt auch für die vor dem 1. Januar 1900 abgeschlossenen Ehen. Sind ja doch einesteils die meisten altrechtlichen Güterstände in einen der Güterstände des BGB. übergeleitet worden, welche mit Ausnahme desjenigen der Gütertrennung eine Verfügungsbeschränkung der Frau normieren, andrerseits aber gerade die Fälle der Ueberleitung in die Gütertrennung des BGB. sehr selten,[1]) während schließlich jene Güterstände, bezüglich welcher einer Ueberleitung überhaupt nicht stattgefunden hat, in ihrer Mehrzahl die Verfügungsfähigkeit der Frau zum mindesten in demselben Maße beschränken, wie dies die Verwaltungsgemeinschaft des BGB. tut.

Unter diesen Umständen wird man daher einen allgemein geltenden Erfahrungssatz des Inhalts aufstellen können, daß als regelmäßige Folge der Eheschließung ein Güterstand in Erscheinung tritt, welcher auf die Selbständigkeit der Ehefrau insofern einen Einfluß ausübt, als hiedurch ihre Verfügungsbefugnis über ihr Vermögen und ihre Prozeßführungsbefugnis über ihre Vermögensrechte eingeschränkt wird.[2])

Erkennt man aber einmal die Existenz dieses Erfahrungssatzes an — und dies wird man ja doch wohl tun müssen —, so folgt daraus, daß ihn der Richter ohne weiteres anzuwenden hat, auch wenn sich die Parteien gar nicht darauf berufen, da die allgemeinen Tatsachen oder Erfahrungssätze anerkannten Rechts[3]) ohne weiteres zu verwerten sind, im Gegensatz zu den in § 291 ZPO. in Frage stehenden konkreten, bei Gericht offenkundigen Tatsachen, die regelmäßig nur dann Berücksichtigung finden können, wenn sich eine Partei darauf beruft.

Macht daher eine deutsche Ehefrau im Wege der Klage ohne ihre Sachlegitimation nachzuweisen ein Vermögensrecht geltend, so kann sich der Richter auf Grund jenes Erfahrungssatzes von der Verfügungsbeschränkung der Ehefrau, welche regelmäßig durch den die Ehe beherrschenden Güterstand eintritt, der berechtigten Vermutung nicht verschließen, daß die Frau im gegebenen Falle zur Prozeßführung nicht befugt erscheint. Aus dieser Erwägung heraus muß daher gefordert werden, daß eine Ehefrau, falls sie ein Vermögensrecht im Wege der Klage im eigenen Namen geltend machen will, ihre Sachlegitimation nachzuweisen hat, da diese als

---

[1]) siehe die Zusammenstellung bei Wieruszowski a. a. O. S. 156—158.
[2]) so auch Wieruszowski a. a. O. S. 526.
[3]) Gaupp-Stein I S. 653, 683.

ihr selbstverständlich zustehend nach diesem Erfahrungssatze nicht mehr erscheint.

Für den Güterstand der Verwaltungsgemeinschaft bedeutet dieser Grundsatz nichts anderes als daß die Behauptungspflicht der Ehefrau auch die Angabe mit umfaßt, daß die ehemännliche Zustimmung vorliege oder das geltend gemachte Recht zu ihrem Vorbehaltsgut gehöre, oder aber einer der Tatbestände der §§ 1401, 1405, 1407 BGB., bei welchen die Zustimmungsnotwendigkeit zessiert, gegeben sei.

Wie schon oben (§ 10, II, a) des Näheren dargelegt, besteht jedoch eine Prüfung der Sachlegitimation von Amts wegen nach Art des § 56 ZPO. nicht. Es ist daher eine Disposition der Parteien hierüber nicht ausgeschlossen, so daß das Gericht ihr Vorliegen anzunehmen hat, falls es behauptet und vom Gegner nicht bestritten wird. Zu einer Beweiserhebung kommt es erst im Falle des Bestreitens der Richtigkeit dieses Vorbringens.

Auf diese Weise kann also der Fall eintreten, daß beim Güterstande der Verwaltungsgemeinschaft die Sachlegitimation der Ehefrau vom Gericht angenommen wird und infolgedessen die Abweisung der Klage unterbleibt, trotzdem eine Zustimmung des Ehemanns oder einer der Ausnahmetatbestände nicht vorliegt und die Sachlegitimation der Frau tatsächlich nicht gegeben ist.

Fälle solcher Art können vorkommen, wenn es sich z. B. um einen Irrtum des Gerichts handelt. So weiß vielleicht ein Gericht gar nicht, daß die Klägerin Eheperson ist und hält sie nach ihrem unbestrittenen Vorbringen für eine Witwe, oder glaubt, sie lebe in Gütertrennung, oder aber die Zustimmung sei gegeben, weil z. B. eine gefälschte Zustimmungserklärung vorgelegt wird.[1])

Ist in einem solchen Falle trotz des Fehlens der Sachlegitimation ein Urteil in der Sache selbst ergangen, so ist dasselbe gemäß § 1400 Abs. 1 dem Manne gegenüber in Ansehung des e. G. unwirksam. Auf diesem Boden stehen auch die Motive,[2]) in denen folgendes ausgeführt wird: „Sollte aber diese Abweisung ausnahmsweise, sei es infolge eines Irrtums, sei es infolge einer Kollusion der Parteien unterblieben sein, so ist das in dem Rechtsstreit ergangene Urteil zwar gültig, aber nach § 1302 Satz 2, soweit es zum Nachteil der Ehefrau ausgefallen ist, in Ansehung des Ehegutes gegenüber dem Ehemann unwirksam. Zwar kann auf diese Weise ein dem Gedanken des § 1293 nicht entsprechendes relatives Verhältnis entstehen; indessen läßt sich dies nicht vollständig vermeiden, wenn man einesteils an der Prozeßfähigkeit der Ehefrau festhält, andrerseits den Ehemann gegen die Folgen einer ohne seine Einwilligung erfolgten Prozeßführung der Ehefrau schützen will. Dieser letztere Zweck wird aber durch die Bestimmung des § 1302 Abs. 2 vollständig erreicht".

---

[1]) Immerhin werden solche Fälle bei richtiger Ausübung des Fragerechts (§ 139 ZPO.) selten eintreten.

[2]) IV S. 232.

§ 11.

Selbständiger Betrieb eines Erwerbsgeschäfts durch die Ehefrau.[1])

I. Die Fähigkeit einer Frau, sich durch Verträge zu verpflichten hat zur Folge, daß sie auch ein Gewerbe, insbesondere ein Handelsgewerbe selbständig betreiben kann und es gilt der Grundsatz, daß jede Frau, welche tatsächlich Handel treibt, für ihre Person auch alle Rechte und Pflichten eines Kaufmannes hat.

Ist eine Frau verheiratet, so gelten mehrere Besonderheiten. Eine Ehefrau erlangt die Kaufmannseigenschaft dadurch, daß mit ihrer Einwilligung in ihrem Namen ein Handelsgewerbe betrieben wird, wozu in gewissen Fällen als weiteres Erfordernis die Eintragung der Firma der Ehefrau in das Handelsregister hinzutritt. Eines weiteren Erfordernisses, um eine Ehefrau zur Handelsfrau zu machen, insbesondere einer Einwilligung des Mannes zum Betriebe des Handelsgewerbes bedarf es keinesfalls. Lediglich die eigene Entschließung der Frau ist erforderlich und genügend. Denn die Bestimmung des § 7 Abs. 1 des alten HGB., wonach eine Ehefrau ohne Einwilligung des Mannes nicht Handelsfrau sein konnte, ist durch das HGB. vom 10. Mai 1879 beseitigt worden.

Ebenso wie die Ehefrau sich durch den tatsächlichen Betrieb eines Handelsgeschäftes die Kaufmannseigenschaft erwirbt, so soll sie auch lediglich durch Tatsachen dieser Eigenschaft wieder verlustig gehen. Demgemäß hört eine Ehefrau auf, Handelsfrau zu sein, sobald sie den Geschäftsbetrieb aufgibt.

Ist nun eine Ehefrau zugleich Handelsfrau, so tritt die Frage heran, ob und inwieweit diese Eigenschaft einen Einfluß auf den die Ehe beherrschenden Güterstand — hier den der Verwaltungsgemeinschaft — ausübt, mit anderen Worten ob eine solche Frau den gleichen güterrechtlichen Beschränkungen unterworfen sein soll, wie jede andere beliebige Ehefrau.

Eine freiere Stellung der gewerbetreibenden Ehefrauen, insbesondere der Handelsfrauen ist nun schon von jeher[2]) im deutschen ehelichen Güterrecht im Interesse ihres Kredits und der Sicherheit des Verkehrs anerkannt worden. Als Ausnahme von dem Grundsatz der Unmündigkeit der Frau finden sich schon im älteren deutschen Recht freiere Normen für jene Frauen, welche nach dem Tode ihres Mannes das ehemännliche Geschäft fortführten; ganz besonders aber läßt sich seit Beginn des Mittelalters fast in allen Rechten eine Entwicklung konstatieren, deren End-

[1]) Lit.: Schefold im ArchZivPrax. Bd. 91 S. 142 ff.; Ullmann in JW. 1902 S. 49 ff.; Pitsch, Rechtsstellung einer Ehefrau, welche selbständig ein Erwerbsgeschäft betreibt (Freiburger Dissert.), Düsseldorf 1900; Bestgen desgl. Halle 1902; v. Buchka in DJZ. 1901 S. 421 ff.; s. ferner Wieruszowski a. a. O. S. 236—299; Staub a. a. O. I S. 13 ff.; Hachenburg in BlfRA. Bd. 72 S. 51 ff.

[2]) s. M. IV S. 240.

ziel die freiere Stellung jener Frauen war, die durch den Betrieb von Handel und Gewerbe den engen Kreis der Häuslichkeit verlassen hatten und in Verkehr mit der Außenwelt traten. Die neueren Gesetze bauten in diesem Sinne weiter, so auch das AHGB. Art. 7—9[1]) und die GewO. § 11 Abs. 2.[2]) Naturgemäß mußten sich aber diese beiden Gesetze auf die durch sie geordneten Materien, also auf Handel und Gewerbe beschränken. Im Gegensatz hiezu kennt das BGB. eine solche Beschränkung nicht mehr und von der Erwägung ausgehend, daß die Gründe, welche eine selbständigere Stellung jener Ehefrauen rechtfertigen, die mit Einwilligung ihres Mannes Handel und Gewerbe treiben, ebenso auch bei jedem anderen, von einer Ehefrau betriebenen Erwerbsgeschäfte, z. B. auch bei einem als Erwerbszweig betriebenen künstlerischen oder wissenschaftlichen Berufe zutreffen, hat das BGB. diese freieren Grundsätze in § 1405 BGB. auf alle Arten selbständiger Erwerbsgeschäfte der Ehefrau ausgedehnt.

Dieser § 1405 lautet folgendermaßen: „Erteilt der Mann der Frau die Einwilligung zum selbständigen Betrieb eines Erwerbsgeschäftes, so ist seine Zustimmung zu solchen Rechtsgeschäften und Rechtsstreitigkeiten nicht erforderlich, die der Geschäftsbetrieb mit sich bringt. Einseitige Rechtsgeschäfte, die sich auf das Erwerbsgeschäft beziehen, sind der Frau gegenüber vorzunehmen.

Der Einwilligung des Mannes in den Geschäftsbetrieb steht es gleich, wenn die Frau mit Wissen und ohne Einspruch des Mannes das Erwerbsgeschäft betreibt.

Dritten gegenüber ist ein Einspruch und Widerruf der Einwilligung nur nach Maßgabe des § 1435 wirksam".

Durch diese Vorschriften wird die Frage, ob die Frau zum selbständigen Betrieb eines Erwerbsgeschäftes einer Einwilligung des Mannes überhaupt bedarf, nicht berührt. Mit Rücksicht auf die unbeschränkte Geschäftsfähigkeit wird eine ehemännliche Genehmigung keineswegs verlangt, wenngleich in einem Erwerbsbetrieb der Frau wider den Willen ihres Mannes ein Verstoß gegen den Geist des § 1354 BGB. gelegen wäre. Immerhin ist dem Ehemann gegen eine allzu große Willkür der Frau insoferne ein Schutz gegeben als der Ehemann, falls durch den Betrieb des Erwerbsgeschäftes das gemeinsame Leben der Ehegatten in Mitleidenschaft gezogen wird und besonders die Frau ihren sich aus §§ 1353 Abs. 1 und 1356 ergebenden Verpflichtungen entfremdet wird, den Weiterbetrieb verbieten kann.

Demgemäß behandelt § 1405 nur die Frage, ob eine Ehefrau, die mit Einwilligung ihres Mannes selbständig ein Erwerbsgeschäft betreibt, den gleichen Verfügungsbeschränkungen unter-

---

[1]) Hienach wurden allen Frauen, die mit ehemännlicher Gestattung gewerbsmäßig Handelsgeschäfte abschlossen, für den Handelsverkehr alle Rechte und Pflichten eines Kaufmannes gewährt und die sogenannten weiblichen Rechtswohltaten für den Handelsverkehr beseitigt.

[2]) Aufgehoben durch EG. z. BGB. Art. 36 Abs. 1.

worfen ist, denen eine Frau beim Güterstande der Verwaltungsgemeinschaft regelmäßig unterliegt, oder ob sie, eben um dieses Betriebes eines Erwerbsgeschäftes willen, eine freiere Stellung einnehmen soll.

II. Voraussetzungen des § 1405.

Die erste Voraussetzung der Anwendbarkeit des § 1405 ist der selbständige Betrieb eines Erwerbsgeschäftes durch die Ehefrau.

Unter einem Erwerbsgeschäft versteht man jede regelmäßige, d. h. als dauernde Einnahmequelle gedachte und auf selbständigen Erwerb gerichtete Tätigkeit, ganz gleichgültig, ob dieselbe im Handel, in der Betreibung einer Fabrik oder eines Handwerks, der Ausübung eines künstlerischen oder wissenschaftlichen Berufes, Landwirtschaft usw. besteht.

Dieses Erwerbsgeschäft muß ferner von der Ehefrau selbständig, d. h. von ihr als Unternehmerin betrieben werden. Kein selbständiger Betrieb liegt daher vor, wenn die Frau in dem Geschäft ihres Mannes lediglich als Gehilfin tätig ist, ebensowenig, wenn sie stille Gesellschafterin oder Kommanditistin ist, „weil es sich bei diesen Gesellschaftsformen im wesentlichen nur um eine Kapitalbeteiligung handelt".[1]) Dagegen ist ein selbständiger Betrieb vorhanden, wenn die Frau als Teilhaberin einer offenen Handelsgesellschaft oder als persönlich haftende Gesellschafterin bei einer Kommanditgesellschaft auftritt, selbst wenn sie von der Vertretung dieser Gesellschaft ausgeschlossen ist.[2]) Unerheblich ist die Frage, ob und inwieweit die Frau in ihrem Geschäfte geistig oder körperlich tätig ist; ein selbständiger Betrieb liegt daher auch dann vor, wenn sie in ihrem Geschäfte Gehilfen anstellt, ja er kann auch dann gegeben sein, wenn der eigene Ehemann von der Frau als Bevollmächtigter oder Prokurist bestellt ist.

Ein ferneres Erfordernis der Anwendbarkeit ist die Erteilung der ehemännlichen Zustimmung. Eine solche ist ja an und für sich zur Gültigkeit der im Handelsbetriebe von der Frau eingegangenen Verpflichtungen nicht nötig, wohl aber ist ihr Vorliegen für die Gläubiger von Wichtigkeit, denen in diesem Falle nicht nur das Vorbehaltsgut, sondern auch das eingebrachte Gut der Ehefrau für die im Geschäftsbereich begründeten Verbindlichkeiten haftet.

Was die Einwilligung selbst anlangt, so sind die Bestimmungen der §§ 182, 183 BGB. auf sie nicht anwendbar,[3]) da von ihrer Erteilung nicht „die Wirksamkeit eines Vertrags oder eines einseitigen, einem anderen gegenüber vorzunehmenden Rechtsgeschäftes" abhängt. Demgemäß kann diese Einwilligung jederzeit, also vor, bei und nach Beginn des Erwerbsgeschäftes erteilt werden. Im

---

[1]) s. Ullmann a. a O S. 17.
[2]) OLGRspr. Bd. 4 S. 342.
[3]) a. A. Ullmann a. a. O.

letzteren Fall hat sie rückwirkende Kraft. Da sie an die Beobachtung einer Form nicht gebunden ist, so kann sie sowohl ausdrücklich als auch stillschweigend erteilt werden. Der stillschweigenden Einwilligung wird kraft positiver Vorschrift die Tatsache gleichgestellt, daß der Mann vom Geschäftsbetrieb der Frau Kenntnis hat — wissen müssen genügt nicht — und keinen Einspruch dagegen erhebt. Dabei ist aber keineswegs erforderlich, daß der Ehemann bei der Erteilung der Einwilligung oder Duldung sich der rechtlichen Folgen derselben bewußt gewesen ist.[1]) Widerspricht der Mann, so hat ein solcher Einspruch Dritten gegenüber nur dann eine Wirkung, wenn er gemäß § 1435 ins Güterregister eingetragen oder dem Dritten bekannt ist (§ 1405 Abs. 3). Einem Manne, der seine Einwilligung, selbst völlig grundlos, verweigert, steht die Frau hilflos gegenüber. Denn ein Zwang gegen den Mann zur Erteilung seiner Zustimmung oder eine Ergänzung derselben nach Art des § 1402 ist nicht zulässig; desgleichen wird die Einwilligung auch dann nicht überflüssig, wenn der Mann durch Krankheit oder Abwesenheit an der Abgabe einer Erklärung verhindert ist. Im Falle eine Vormundschaft oder Pflegschaft über den Mann angeordnet ist, so ist es Sache der Vertreter, die Einwilligung zu erteilen (§ 1409). Ist die Frau selbst die Vormunderin ihres Mannes, so ist sie selbständig und bedarf einer Einwilligung nicht (§§ 1426 ff; 1409 BGB.).

Streit herrscht über die Frage, ob die Einwilligung auch unter einer Bedingung oder unter sonstigen Nebenbestimmungen erteilt werden kann. Die Motive[2]) äußern sich folgendermaßen: „Selbstverständlich kann der Ehemann bei Erteilung seiner Einwilligung die Art des Erwerbsgeschäftes, dessen selbständigen Betrieb er der Ehefrau gestatten will, näher begrenzen, nicht aber innerhalb des gestatteten Erwerbsgeschäftes den Kreis der bezeichneten Rechtsgeschäfte mit Wirksamkeit gegen Dritte beschränken". Demgemäß ist eine Beschränkung der Einwilligung dem Dritten gegenüber in Ansehung einzelner Rechtsgeschäfte und Rechtsstreitigkeiten nicht zulässig, während es andrerseits dem Manne unbenommen bleibt, die Branche des Geschäfts, in dessen Betrieb er einwilligt, zu bestimmen. Die Frage der Gültigkeit anderer Nebenbestimmungen jedoch, welche eine Einwilligungsbeschränkung bezwecken, ist offen gelassen. Immerhin ist anzunehmen, daß derartige Nebenbestimmungen der Frau gegenüber mit voller Wirksamkeit getroffen werden können, daß sich demgemäß die Frau durch die Ueberschreitung der ihr hiedurch gezogenen Grenzen dem Manne schadensersatzpflichtig macht. Dagegen kann von einer Wirksamkeit solcher Nebenbestimmungen Dritten gegenüber selbst dann nicht gesprochen werden, wenn sie diesen bekannt oder in das Güterrechtsregister eingetragen sind.

---

[1]) s. M. IV S. 241.
[2]) M. IV S. 242.

Zu diesem Ergebnis kommt man durch den Zweck des § 1405, welcher lediglich der Verkehrssicherheit dienen soll. Demgemäß kann der Ehemann durch Eintragung seines Widerspruchs einen tatsächlichen Gewerbebetrieb seiner Frau für sein Verwaltungs- und Nutznießungrecht ungefährlich machen. Allein dieser Einspruch äußert nur dann eine Wirkung, wenn er sich nach dem Wortlaute dieses § 1405 gegen den Gewerbebetrieb als solchen richtet. Richtet er sich dagegen nicht gegen die Totalität, sondern nur gegen einzelne Geschäfte und Rechtshandlungen, so bleibt er wirkungslos. Daher ist es auch unzulässig, wenn der Mann einen Einspruch gegen die unbegrenzte Höhe der sich aus dem Geschäftsbetriebe ergebenden Verbindlichkeiten eintragen läßt.[1])

Dagegen erscheint die Erteilung der Einwilligung zum Gewerbebetrieb unter einer Zeitbestimmung wirksam. Eine solche kann auf zweierlei Art geschehen, sei es, daß der Geschäftsbetrieb von einem gewissen Zeitpunkt ab genehmigt wird oder die schon erteilte Genehmigung von einem gewissen Zeitpunkte ab wieder erlöschen soll. Im ersteren Fall muß der Mann, falls der Gewerbetrieb vor dieser Zeit begonnen wird, seinen Anspruch eintragen lassen, im zweiten Fall muß dies geschehen nach Ablauf der bestimmten Frist.

Durch die Einwilligung des Mannes zum selbständigen Geschäftsbetrieb der Frau werden die Rechtsgeschäfte und Rechtsstreitigkeiten, die der Geschäftsbetrieb mit sich bringt, mit voller Wirksamkeit in Ansehung des e. G. ausgestattet und zwar sind hierunter im Gegensatz zum HGB. §§ 49, 54 nicht nur jene Rechtsgeschäfte zu verstehen, welche der genehmigte Geschäftsbetrieb gewöhnlich mit sich bringt, sondern vielmehr alle jene Rechtsgeschäfte und Rechtsstreitigkeiten, welcher gerade dieser Geschäftsbetrieb nach den Verkehrsanschauungen und unter Berücksichtigung der Umstände des einzelnen Falles mit sich bringt.

Wie hieraus ersichtlich, wird das ehemännliche Verwaltungs- und Nutznießungsrecht durch die Einwilligung in den selbständigen Betrieb eines Erwerbsgeschäftes auf das Erheblichste beeinflußt. Es muß daher für den Mann auch Mittel und Wege geben, um diese Folgen in seinem Interesse zu beseitigen und den Mangel seines Einverständnisses zum Ausdruck zu bringen. Dies ist ihm, wie schon oben erwähnt, auf zweierlei Weise ermöglicht, einmal durch den Einspruch, wenn die Frau den Betrieb ohne seine Einwilligung begonnen hat, und ferner durch den Widerruf, falls er seine Einwilligung bereits erteilt hatte.

III. Rechtliche Bedeutung der Einwilligung nach § 1405.

Die in § 1405 geforderte Einwilligung hat im Falle ihrer Erteilung beim Vorliegen der übrigen Voraussetzungen zur Folge, daß

---

[1]) so Staudinger, Planck, a. A. Opet, welcher beliebige Nebenbestimmmungen auch mit Wirksamkeit gegen Dritte für zulässig hält.

die Stellung der Erwerbsfrau eine freiere wird als die einer gewöhnlichen Ehefrau, insoferne sie in gewissem Umfange von jenen Schranken befreit wird, welche ihr sonst durch den Güterstand der Verwaltungsgemeinschaft gezogen sind. Denn durch die Einwilligung zum Erwerbsgeschäftsbetrieb wird die güterrechtliche Abhängigkeit der Frau vom Manne gelockert und die Frau in den Stand gesetzt, auch ohne die sonst regelmäßig notwendige ehemännliche Zustimmung alle Rechtsgeschäfte selbständig vorzunehmen und alle Prozesse selbständig zu führen, die der Geschäftsbetrieb mit sich bringt. Diese Regel gilt selbst dann, wenn sich der Mann die Genehmigung für einzelne Rechtsgeschäfte oder Prozesse seiner Frau besonders vorbehalten oder den Abschluß eines Rechtsgeschäftes oder die Führung eines Prozesses ausdrücklich verboten hat. Denn die ehemännliche Einwilligung in den selbständigen Betrieb eines Erwerbsgeschäftes durch die Ehefrau ist nicht als eine im Voraus erteilte generelle Zustimmung zu den in Zukunft vorzunehmenden Rechtsgeschäften oder zu führenden Prozessen aufzufassen, so daß sie im Einzelfall bis zur Vornahme bzw. bis zur ersten Prozeßhandlung widerrufen werden könnte, sondern es wird durch die Einwilligung eine „kleine Emanzipation" geschaffen, analog dem Fall, daß ein Vormund, der seinem Mündel den selbständigen Gewerbebetrieb erlaubt hat, das Maß der dem Mündel für diesen Fall gesetzlich zugebilligten Unabhängigkeit nicht verringen kann (§ 112 BGB.).

Im einzelnen ergeben sich nachstehende Folgerungen:

a) Die Frau kann auch ohne Zustimmung des Mannes über ihr eingebrachtes Gut wirksam verfügen (vgl. §§ 1395—1398);

b) Rechtsgeschäfte, durch die sich die Frau zu einer Leistung verpflichtet, sind ihm gegenüber auch ohne Zustimmung in Ansehung des e. G. wirksam (vgl. § 1399);

c) einseitige Rechtsgeschäfte, die sich auf das Erwerbsgeschäft beziehen, sind der Frau gegenüber vorzunehmen;

d) das e. G. haftet für die Verbindlichkeiten der Frau aus Rechtsgeschäften der in § 1405 genannten Art (§ 1412 Abs. 1);

e) für einen Rechtsstreit, den der Geschäftsbetrieb mit sich bringt, ist die Frau aktiv und passiv legitimiert;

f) eine persönliche Haftung des Mannes tritt nicht ein.

IV. Die Prozeßführung insbesondere.

Wie schon des öfteren dargelegt, wird die Prozeßfähigkeit einer Frau weder durch die Ehe noch durch irgendeinen Güterstand beschränkt. Dies gilt auch für den Fall, daß eine Ehefrau ein Erwerbsgeschäft betreibt und es ist dabei auch gleichgültig, ob dieser Betrieb mit oder ohne ehemännliche Zustimmung erfolgt. Allein, wenn hiedurch auch die Frage nach der Prozeßfähigkeit nicht berührt wird, so ist dennoch die Tatsache der Genehmigung oder Nichtgenehmigung des Erwerbsgeschäftes aus anderen Gründen von erheblicher praktischer Bedeutung, da hievon die Aktiv- und Passivlegitimation der Ehefrau zur Prozeßführung abhängt.

1. Für die Aktivprozesse ist nämlich die Ehefrau legitimiert:

a) wenn der selbständige Betrieb eines Erwerbsgeschäftes ohne die ehemännliche Zustimmung erfolgt, nur zur Geltendmachung ihrer persönlichen Ansprüche, sowie aller jener Rechte, die mit ihrem Vorbehaltsgut in irgendeinem Zusammenhang stehen. So kann sie z. B. alle im Geschäftsbetrieb erworbenen Forderungen persönlich einklagen. Dagegen kann sie in diesem Falle ein zum e. G. gehörendes Recht im Wege der Klage nicht geltend machen. Hiezu bedarf sie vielmehr nach dem allgemeinen Grundsatz des § 1400 Abs. 2 der Zustimmung des Mannes. Führt die Ehefrau, welche ihr Erwerbsgeschäft eigenmächtig betreibt, einen sonstigen Aktivprozeß ohne erforderliche Zustimmung des Mannes, so hat dies zur Folge, daß das in diesem Rechtsstreit ergehende Urteil dem Manne gegenüber in Ansehung des e. G. unwirksam ist (§ 1400 Abs. 1). Zum Schutze gegen eine aus einem solchen Urteil erfolgende Zwangsvollstreckung steht dem Manne die Interventionsklage gemäß § 774 ZPO. zu.

b) Dagegen erscheint die Ehefrau im Falle der ehemännlichen Einwilligung zum Erwerbsgeschäftsbetrieb zu allen Rechtsstreitigkeiten aktiv legitimiert, die der Geschäftsbetrieb mit sich bringt. In diesem Falle muß der Mann das Urteil auch ohne besondere Zustimmung gegen sich gelten lassen und es entsteht ohne weiteres Rechtskraft für und gegen den Mann.

2. Bei Passivprozessen gegen die Erwerbsfrau kommen neben den Vorschriften des BGB. auch jene der ZPO. in Betracht. Demnach ergibt sich folgendes Resultat:

a) Ergeht ein Urteil gegen die Ehefrau als solche, nicht aber gegen sie als Erwerbsfrau, so ist die Vollstreckung in das e. G. nur dann möglich, wenn die Verurteilung des Mannes zur Duldung erfolgt (§ 739 ZPO.).

b) Soll die Zwangsvollstreckung in das e. G. einer selbständig ein Erwerbsgeschäft betreibenden Ehefrau erfolgen, so genügt in der Regel ein gegen die Frau ergehendes Urteil (§ 741 ZPO.). Dies ist jedoch nur dann der Fall, wenn die Frau zur Zeit der Vornahme der Zwangsvollstreckung ein Erwerbsgeschäft selbständig betreibt. § 741 spricht jedoch nicht den Satz aus, daß das Urteil gegen die Frau allein gehen dürfe. Der Gläubiger hat vielmehr nur das Recht lediglich die Ehefrau zu verklagen und es kann dann ein demgemäß ergehendes Urteil auch in das e. G. vollstreckt werden. Der Gläubiger ist jedoch befugt, auch den Ehemann auf Duldung der Zwangsvollstreckung in das e. G. zu verklagen, selbst wenn die Frau selbständig ein Erwerbsgeschäft betreibt. [1])

---

[1]) vgl. Dr. Petzold, Schließt § 741 der ZPO. eine Klage gegen den Ehemann auf Duldung der Zwangsvollstreckung in das eingebrachte Gut aus? in JW. 1902 S. 335 ff.; Gaupp-Stein Nr. III zu § 741; Planck Nr. 9 zu § 1411; a. A. Hellwig, Anspruch S. 338; Geib, ArchZivPrax. Bd. 94 S. 317 ff.

Ergeht das Urteil gegen die Ehefrau allein, so ist in demselben auszusprechen, daß es gegen eine Erwerbsfrau geht; denn es kann nicht erst im Vollstreckungsverfahren festgestellt oder der Prüfung des Gerichtsvollziehers überlassen werden, [1]) ob die betreffende Ehefrau selbständig ein Erwerbsgeschäft betreibt und demgemäß die Zwangsvollstreckung in das e. G. statthaft sei. Es würden sich sonst die schwierigsten Fälle ergeben.

Ergibt sich z. B. die Eigenschaft der Ehefrau als Gewerbefrau nicht aus dem Kopf oder der Formel des Urteils, so ist die Aufgabe des Gerichtsvollziehers nicht zweifelsfrei. Denn da anerkanntermaßen die Zwangsvollstreckung auf Grund lediglich eines Titels gegen die Frau allein nur dann statthaft ist, wenn sie noch zur Zeit der Vornahme der Vollstreckung ein Erwerbsgeschäft betreibt, so muß der Gerichtsvollzieher vor Beginn seiner Tätigkeit prüfen, ob diese Voraussetzung gegeben ist. Es ist fraglich, auf welche Weise in einem solchen Falle die Prüfung vorzunehmen wäre, ob etwa aus Tatbestand oder Gründen? Ist aber z. B. die Ehefrau nach dem Urteil zweifellos Erwerbsfrau, darf er dann das Fortbestehen dieser Eigenschaft auch dann ohne weiteres annehmen, wenn er den Vollstreckungsauftrag erst längere Zeit nach Erlassung des Urteils, vielleicht erst nach Jahren erhält? In beiden Fällen würden durch Mitverklagen des Ehemannes die Schwierigkeiten behoben sein.

Von der Regel des § 741, wonach bei dem selbständigen Betriebe eines Erwerbsgeschäftes durch die Frau zur Zwangsvollstreckung in das e. G. ein gegen die Frau erlassenes Urteil erforderlich und genügend ist, gibt es jedoch Ausnahmen.

Ist zur Zeit des Eintritts der Rechtshängigkeit der Einspruch des Ehemanns gegen den selbständigen Betrieb des Erwerbsgeschäftes oder Widerruf seiner Einwilligung im Güterrechtsregister eingetragen, so ist zur Zwangsvollstreckung in das e. G. die Verurteilung der Ehefrau allein nicht genügend. Es bewendet vielmehr gemäß § 741 ZPO. bei der Vorschrift des § 739, wonach außerdem der Ehemann zur Duldung der Zwangsvollstreckung in das e. G. zu verurteilen ist. Eine solche Klage kann z. B. damit begründet werden, daß es sich um eine Schuld der Frau handle, die noch aus einer Zeit stamme, wo der Geschäftsbetrieb vom Manne genehmigt oder nicht offenkundig untersagt war. Wird die Klage nur gegen die Erwerbsfrau gerichtet, so steht dem Ehemann, wenn trotzdem in das e. G. vollstreckt wird, das Recht der Beschwerde gegen die Art der Zwangsvollstreckung gemäß § 766 ZPO. zu.

Durch § 741 ZPO. soll jedoch keineswegs etwa die materielle Bestimmung getroffen werden, daß alle Schulden einer Ehefrau, die mit Einwilligung ihres Mannes selbständig ein Erwerbsgeschäft betreibt, nun in das e. G. vollstreckbar seien, ganz gleichgültig,

---

[1]) a. A. Seuffert II S. 371: „Die Prüfung der Frage, ob die Frau selbständig ein Erwerbsgeschäft betreibt ist zunächst Sache des Vollstreckungorgans".

ob sie aus dem Gewerbebetrieb herstammen oder nicht. Demgemäß hat § 741 nicht die Bedeutung, daß der Ehemann die Zwangsvollstreckung unbedingt, also auch dann dulden muß, wenn der Rechtsstreit nicht zu denjenigen gehört, die der Geschäftsbetrieb mit sich bringt, sondern die Vollstreckbarkeit ist vielmehr nur prozessual unterschiedslos zugelassen, so daß diese Vorschrift des § 741 nicht bloß zugunsten der Geschäftsgläubiger, sondern allgemein gilt und zwar mit Rücksicht darauf, daß die Feststellung, ob es sich im konkreten Falle um eine Geschäftsschuld oder eine sonstige Schuld handelt, mit großen Schwierigkeiten verbunden sein kann. Der Mann hat jedoch jederzeit das Recht, nachzuweisen, daß es sich gegebenenfalls um eine Verbindlichkeit der Frau handelt, für welche das e. G. nicht haftbar ist und er kann gemäß § 771 ZPO. im Wege der Widerspruchsklage (§ 774 ZPO.) Widerspruch gegen die Zwangsvollstreckung erheben. Dabei hat er lediglich zu beweisen, daß das gegen die Frau ergangene Urteil in Ansehung des e. G. ihm gegenüber nicht wirksam sei, da die fragliche Schuld nicht im Betriebe des Erwerbsgeschäftes entstanden sei.

§ 12.

Die Zwangsvollstreckung in das eingebrachte Gut.[1])

Während den Gläubigern des Mannes das eingebrachte Gut nicht haftet (§ 1410 BGB.), können die Gläubiger der Frau neben ihrem selbstverständlichen Zugriff auf das Vorbehaltsgut, an welchem dem Manne keinerlei Rechte zustehen, regelmäßig Befriedigung aus dem e. G. verlangen (Ausnahmen: §§ 1412—1414 BGB.), ohne daß auf das Recht des Mannes auf Verwaltung und Nutznießung Rücksicht zu nehmen wäre (§ 1411 BGB.). Der Mann haftet alsdann den Gläubigern der Frau mit Beschränkung auf sein am e. G. bestehendes Nutznießungs- und Verwaltungsrecht.

Bei der Zwangsvollstreckung, wobei es gleichgültig ist, ob es sich um Geldforderungen oder um dingliche oder persönliche Ansprüche auf Sachleistung handelt, richtet sich daher das Verfahren sowohl gegen die Ehefrau, aus deren Vermögen Befriedigung verlangt wird, als auch gegen den Mann, dessen Nutznießungs- und Verwaltungsrecht durch diese Befriedigung zerstört wird. Aus diesem Grunde ist daher gemäß § 739 ZPO. regelmäßige Voraussetzung für die Zwangsvollstreckung in das e. G.,

---

[1]) Lit.: Seuffert, ZwV. gegen Ehegatten; Gruchot Bd. 43; Jolly, Duldungpflicht des Ehemanns gemäß §§ 739, 741 ZPO. im ArchZivPrax. Bd. 93; Geib, ZwV. ins e. G. ebenda Bd. 94; Aronius, Im ehelichen Beistand, GruchotsBeitr. Bd. 45; Planck in DJZ. 1899 S. 77; Du Chesne im SächsArch. Bd. 13; Kraus, Einige Streitfragen über § 739 in BayZfR. 1907; Walsmann, Die Voraussetzungen der ZwV. in das e. G. und das Gesamtgut; Full, Sachleg. des Mannes, Würzb. Dissertation 1905 S. 37 ff.

daß die Ehefrau zur Leistung, der Mann dagegen zur Duldung der Zwangsvollstreckung verurteilt worden ist.

Was den Charakter der Duldungspflicht des Mannes anlangt, so könnte man nach dem Wortlaut des § 739 der Meinung sein, daß lediglich die Frau Schuldnerin und der Ehemann zu nichts weiterem verpflichtet sei, als die Zwangsvollstreckung zu „dulden". Eine solche Auslegung des Gesetzes würde jedoch zu unannehmbaren Konsequenzen führen und nach der herrschenden Lehre ist daher der Anspruch auf Duldung nicht Feststellungs- sondern ein beschränkter Leistungsanspruch und zwar zielt dieser Anspruch darauf hin, daß der Ehemann den Gläubiger aus dem e. G. befriedigen soll. Aus diesem Grunde kann der Titel auf Duldung auch nicht durch einen Leistungstitel schlechthin ersetzt werden, weil die Leistungspflicht in diesem Falle nur das eigene Vermögen des Verpflichteten der Zwangsvollstreckung unterwerfen würde.[1])

Der Gläubiger muß demnach im Besitze zweier Vollstreckungstitel sein. Diese kann er sich auf verschiedene Weise verschaffen. Im Regelfalle wird er sie zweckmäßigerweise durch ein Verfahren zu erlangen suchen, indem er gegen Mann und Frau gemeinsam klagt (§ 60 ZPO.). Dies hat zur Folge, daß beide Ehegatten Streitgenossen werden. Eine notwendige Streitgenossenschaft im Sinne des § 62 ZPO. dagegen liegt nicht vor,[2]) so daß gegen jeden der Ehegatten Teilurteil ergehen kann. Es steht aber auch nichts im Wege, daß die Klage gegen den Mann auf Duldung auch selbständig erhoben wird. Dies kann sowohl im ordentlichen Verfahren als auch im Urkunden-[3]) und Wechselprozeß oder im Mahnverfahren, sowie vor, während und nach der Rechtshängigkeit des Verfahrens gegen die Frau geschehen.[4])

Wird die Klage gleichzeitig gegen beide Ehegatten in einem gemeinsamen Verfahren erhoben, so gehört zur Begründung der Klage gemäß § 253 Abs. 2 Ziff. 2 ZPO. die Behauptung, daß die Eheleute im gesetzlichen Güterstande leben und die Ehefrau die Verpflichtung, auf Grund deren geklagt wird, mit ehemännlicher Genehmigung eingegangen sei oder einer solchen nicht bedurfte. Ein Klageantrag auf Verurteilung des Ehemanns zur Duldung der Zwangsvollstreckung in das e. G. der Ehefrau ohne Angabe, in welchem Güterstand die Eheleute überhaupt leben (wie dies in der Praxis vielfach geschieht) ist nicht genügend.[5])

[1]) Seuffert § 739, 2 ad b; Gaupp-Stein § 739 II, 6; Petersen § 739, 3; Hellwig, Anspruch S. 322.

[2]) Du Chesne a. a. O. S. 6; Gaupp-Stein S. 441; Ullmann a. a. O. S. 217; Petersen II S. 339, RGE. Bd. 59 S. 234; a. A. Seuffert II S. 363.

[3]) Weil die Klage gegen den Mann Verurteilungsklage ist, Gaupp-Stein II S. 440; Seuffert II S. 344 und JW. 1902 S. 132.

[4]) Die Klage auf Duldung kann mit der Klage gegen die Ehefrau in den ihr gegenüber begründeten dinglichen Gerichtsstand verbunden werden (Sörgel S. 156).

[5]) Kraus a. a. O. S. 227; a. A. Gaupp-Stein II § 739 II, 3: Es bedarf der Angabe des Güterstandes nur insoweit, als die Eheleute nicht im gesetzlichen Güterstande leben.

Indessen sind gemeinschaftliche Klagen gegen beide Ehegatten oder gesonderte Rechtsverfolgung gegen sie nicht unbedingt notwendig. Denn zur Erleichterung der Rechtsverfolgung und Vermeidung doppelter Prozesse kann die Verurteilung des Mannes zur Duldung der Zwangsvollstreckung in das e. G. dadurch ersetzt werden, daß der Ehemann in einer von einem deutschen Gericht oder einem deutschen Notar innerhalb der Grenzen seiner Amtsbefugnis in der vorgeschriebenen Form aufgenommenen Urkunde die sofortige Zwangsvollstreckung in die seinem Verwaltungs- und Nutznießungsrecht unterworfenen Gegenstände bewilligt (§ 794 Abs. 2 ZPO.).

Streit besteht über die Kosten. Hier ist zu unterscheiden, ob die Eheleute gemeinsam oder in gesonderten Verfahren verklagt werden. Ersterenfalls pflegen in der Praxis sämtliche Kosten des Verfahrens entweder der Ehefrau aufgebürdet oder beide Beklagte zur gesamtverbindlichen Kostentragung verurteilt zu werden. Beide Arten der Kostenverteilung entsprechen jedoch nicht der Vorschrift des § 100 ZPO., wonach, falls der unterliegende Teil aus mehreren Personen besteht, dieselben für die Kostenerstattung nach Kopfteilen haften. Da nun auch der Ehemann ebenso wie die Ehefrau Prozeßpartei und im Falle der Verurteilung unterliegender Teil ist, so muß § 100 zur Anwendung kommen. Regelmäßig werden auch Abs. 2 und 3 zutreffend sein, so daß der größere Teil der Kosten der Ehefrau auferlegt werden kann.[1])

Wird der Ehemann in einem besonderen Verfahren zur Duldung der Zwangsvollstreckung verklagt, erwachsen demnach besondere Kosten, so entsteht die Frage, wem dieselben aufzubürden sind. Regelmäßig treffen ja die Kosten des Rechtsstreites die unterliegende Partei (§ 91 ZPO.); hat jedoch der Beklagte nicht durch sein Verhalten zur Erhebung der Klage Veranlassung gegeben, so fallen dem Kläger die Prozeßkosten zur Last, wenn der Beklagte den Anspruch sofort anerkennt (§ 93 ZPO.). Erkennt daher der Ehemann seine Verpflichtung zur Duldung der Zwangsvollstreckung in der mündlichen Verhandlung sofort an, so ist zu unterscheiden, ob er zur Erhebung der Klage gegen ihn Anlaß gegeben hatte.

Ueber die Beantwortung dieser Frage herrscht lebhafter Streit. Das Richtige wird folgendes sein:

War dem Mann vor der Erhebung der Duldungsklage gegen ihn das Bestehen einer Schuld seiner Frau überhaupt unbekannt geblieben, so hat er zur Erhebung der Klage keine Veranlassung gegeben. Anders liegt dagegen die Sache, falls er von der Schuld seiner Frau Kenntnis gehabt hat. Denn in diesem Falle steht es in seiner Macht und ist es auch seine Pflicht, für die Befriedigung der Frauengläubiger aus dem e. G. Sorge zu tragen. Diese Folgerung ergibt sich aus dem Verwaltungsrechte des Mannes, wonach

---

[1]) **Kraus** a. a. O. S. 227; **Walsmann** a. a. O. S. 30; **Gaupp-Stein** II S. 441

er gemäß § 1376 Nr. 1 und 3 BGB. ohne Zustimmung der Frau über Geld und andere verbrauchbare Sachen der Frau verfügen und die Verbindlichkeit der Frau zur Leistung eines zum e. G. gehörenden Gegenstandes durch Leistung des Gegenstandes erfüllen kann. Solchenfalls hat er daher zu der Klage Veranlassung gegeben, wenn er nicht die Befriedigung des Frauengläubigers aus dem e. G. bewirkte und sich auch nicht zur Ausstellung einer Urkunde gemäß § 794 Abs. 2 auf seine Kosten bereit erklärte.[1]) Der Mann hat schließlich selbst in dem Fall Anlaß zur Erhebung der Klage gegeben, wenn er vorher die Erklärung abgegeben hatte, daß er die Zwangsvollstreckung in das e. G. nicht hindern werde; denn da gemäß § 739 ZPO. die Zwangsvollstreckung in das e. G. nur auf Grund eines doppelten Titels erfolgen darf, so wäre der Gläubiger auch durch die vorausgegangene Erklärung des Mannes, er werde der Zwangsvollstreckung nicht entgegentreten, keineswegs in der Lage, die Zwangsvollstreckung tatsächlich zu bewirken.[2])

Die Verpflichtung des Mannes, die Zwangsvollstreckung in das e. G. zu dulden, besteht nur unter einer doppelten Voraussetzung:

1. Muß es sich um eine Verbindlichkeit der Ehefrau handeln, und

2. muß wegen dieser Verbindlichkeit das e. G. in Anspruch genommen werden können.

Wie schon oben dargelegt, äußern Urteile in Rechtsstreitigkeiten, die von der Frau eigenmächtig ohne Zustimmung des Mannes geführt worden sind, diesem gegenüber (abgesehen von den Ausnahmefällen der §§ 1401, 1402, 1407 BGB.) keine Wirkung. Soll aber trotzdem ein solches Urteil in das e. G. vollstreckt werden, so steht es dem Manne frei, alle Einwendungen, die zur Abwehrung der Vollstreckung führen, geltend zu machen und zwar sowohl gegen die Existenz der Verbindlichkeit überhaupt als auch gegen die Verhaftung des e. G. für dieselbe. Diese Möglichkeit steht ihm sogar auch dann zu, wenn der tatsächliche Bestand der Verbindlichkeit durch die Verurteilung der Frau bereits festgestellt ist, da ein solches Urteil dem Manne gegenüber keine Rechtskraft äußern kann.

Von dem Grundsatze des § 739 ZPO., wonach zur Zwangsvollstreckung in das e. G. ein Titel gegen die Frau auf Leistung und ein solcher gegen den Mann auf Duldung notwendig ist, gibt es zwei Ausnahmen:

So bedarf es keines Urteils gegen den Mann, wenn die Frau selbständig mit Einwilligung des Mannes eine Erwerbsgeschäft

---

[1]) Sehr bestritten. Vgl. hiezu: Gaupp-Stein II S. 441 und die dort angegebene Literatur; Seuffert II S. 364; Aronius a. a. O. S. 264; OLG. Dresden vom 26. Juni 1901 (OLGRspr. S. 295) und KG. vom 3. November 1902 (OLGRspr. S. 398); Ullmann a. a. O. S. 217 f.

[2]) Seuffert II S. 365; a. A. Gaupp-Stein II S. 441; Petersen II S. 338 und die dort angegebene Literatur.

betreibt und zur Zeit der Rechtshängigkeit des gegen die Frau geltend gemachten Anspruchs ein Einspruch des Mannes gegen den Betrieb des Erwerbsgeschäftes oder der Widerruf der Einwilligung nicht in das Güterrechtsregister eingetragen ist. In diesem praktisch wichtigen Falle genügt gemäß § 741 ZPO. ein gegen die Frau allein ergangenes Urteil (vgl. § 11, IV.).

Die andere Ausnahmebestimmung bezieht sich auf den Fall, wenn der Güterstand der Verwaltung und Nutznießung erst eingetreten ist, nachdem ein von der Ehefrau oder gegen sie geführter Rechtsstreit rechtshängig geworden ist. Hier ist das Urteil auch dem Manne gegenüber wirksam (§ 1407 Nr. 1 BGB.) und eine Verurteilung desselben zur Duldung der Zwangsvollstreckung unnötig. Vielmehr darf die Zwangsvollstreckung in das e. G. auf Grund des gegen die Ehefrau ergangenen Urteils erfolgen. Eine vollstreckbare Ausfertigung dieses Urteils gegen den Ehemann ist zwar erforderlich, allein die Erlangung desselben ist dem Gläubiger, trotzdem ein Urteil gegen den Ehemann überhaupt nicht ergangen ist, erleichtert, da gemäß § 742 ZPO. die Vorschriften über Erteilung von Urteilsausfertigungen gegen Rechts- und Besitznachfolger (§§ 727, 730—732 ZPO.) Anwendung finden.

Da nach der herrschenden Lehre der Anspruch auf Duldung der Zwangsvollstreckung nicht Feststellungs- sondern beschränkter Leistungsanspruch ist, so hat die Verurteilung der Ehegatten gemäß § 739 ZPO. zur Folge, daß sie beide Vollstreckungsschuldner werden. Jeder der beiden Ehegatten ist daher auch berechtigt, Einwendungen gegen die ihn betreffende Vollstreckungsklausel (§§ 732, 768), gegen die Art und Weise der Zwangsvollstreckung (§ 766) oder Einwendungen, die den durch das Urteil festgestellten Anspruch selbst betreffen (§ 767) geltend zu machen. Aus der Tatsache, daß beide Ehegatten Schuldner sind, folgt ferner auch ihre Verpflichtung, den Offenbarungseid zu leisten (§ 807),[1]) wobei sich allerdings die Pflicht des Mannes zur Eidesleistung lediglich auf das e. G. bezieht.

Was die Ausführung der Zwangsvollstreckung anlangt, so hat sie zur Voraussetzung, daß gemäß § 750 beide Titel vorliegen und jedem der Ehegatten der gegen ihn gerichtete Vollstreckungstitel zugestellt ist;[2]) eine Zustellung des gegen den anderen Ehegatten gerichteten Titels ist dagegen nicht nötig. Ist diese Voraussetzung erfüllt, so kann der Gläubiger die Zwangsvollstreckung vornehmen lassen, ohne auf das Nutznießungs- und Verwaltungsrecht des Mannes Rücksicht nehmen zu müssen. Er hat dem Gerichtsvollzieher lediglich den Nachweis zu führen, daß die zu pfändenden Gegenstände tatsächlich zum e. G. gehören. Dieser hat dann seinerseits pflichtgemäß die Zugehörigkeit zu e. G. zu prüfen.

---

[1]) Seuffert II S. 366; Gaupp-Stein II S. 441; Petersen II S. 338; Hellwig, Anspruch S. 324 Nr. 23; Jolly a. a O. S. 456; a. A. Geib a. a. O. S. 375; Walsmann a. a. O. S. 34; Ullmann a. a. O. S. 242.

[2]) Vgl. preuß. Gesch. Anw. f. d. GV. § 48 Nr. 3.

Hiebei kommt die Vermutung des § 1362 BGB. nicht in Betracht, da sie nur zugunsten der Gläubiger des Mannes gilt.[1]) Auch die §§ 786, 781 ZPO. können nicht, wie Hellwig[2]) (der eine Sukzession des Ehemannes in das Vermögen der Frau konstruiert) meint, analoge Anwendung finden; denn dort handelt es sich um die beschränkte Haftung für eigene Schuld. Der Ehemann dagegen haftet mit seinem Vermögen überhaupt nicht, sondern es handelt sich für ihn lediglich um den Verlust eines Rechtes zum Zwecke der Tilgung einer Schuld seiner Ehefrau.[3])

Die Frage nach dem Gewahrsam ist unerheblich, wenn die Eigenschaft des zu pfändenden Gegenstandes als zum e. G. gehörig, feststeht.[4]) Ist dies der Fall, so kann ihn der Gerichtsvollzieher ohne weiteres und zwar ohne Rücksicht auf eventuell bestehende Rechte eines Dritten, also auch des Ehemanns wegnehmen. Diesem bleibt es überlassen, seine Rechte gemäß § 771 ZPO. geltend zu machen. Solchenfalls ist die Pfändung von Sachen, die sich im Gewahrsam des Mannes befinden, auch nicht davon abhängig, daß er ihre Eigenschaft als zum e. G. gehörig, anerkennt. Für eine solche Anerkennung ist, falls diese Eigenschaft des zu pfändenden Gegenstandes schon anderweitig feststeht und die beiden Titel vorliegen, kein Raum.

Schwierigkeiten ergeben sich, sobald der Gläubiger nicht in der Lage ist, den Nachweis zu führen, daß die zu pfändende Sache zum e. G. gehört und auch der Ehemann sich hierüber nicht erklärt oder mit Absicht die Sachlage verdunkelt, um den Pfändungsversuch zu vereiteln. Lehnt in einem solchen Falle der Gerichtsvollzieher die Zwangsvollstreckung mangels genügenden Nachweises ab, so bleibt dem Gläubiger, um zu seinem Recht zu kommen, nichts anderes übrig als sich den Anspruch der Frau gegen ihren Ehemann auf Herausgabe der in Betracht kommenden Gegenstände überweisen zu lassen. Diesen Anspruch kann der Gläubiger der Frau gegen den Mann schon vor Beendigung der Verwaltung und Nutznießung gerichtlich geltend machen, wenn er ohne Rücksicht auf die ehemännliche Verwaltung und Nutznießung Befriedigung aus dem e. G. verlangen kann. Denn die Ehefrau kann zwar Ansprüche, die ihr auf Grund der Verwaltung und Nutznießung gegen den Mann zustehen, gemäß § 1394 BGB. erst nach Beendigung der Verwaltung und Nutznießung gerichtlich geltend machen. Für die Gläubiger der Frau dagegen gilt diese Beschränkung nicht (§ 1411 S. 2). Ein Gläubiger der Frau kann daher auf Grund eines gegen sie gerichteten Vollstreckungstitels den Anspruch pfänden und sich überweisen lassen und den überwiesenen Anspruch schon vor der

[1]) Seuffert II S. 366; Gaupp-Stein Note III Abs. 2; Petersen Nr. 5; a. A. Falkmann S. 186.

[2]) Hellwig, Anspruch S 323.

[3]) Seuffert II S. 366; Gaupp-Stein II S. 441.

[4]) Gaupp-Stein II S. 441; Seuffert II S. 366; Planck Anm. 9 zu § 1411; a. A. Ullmann a. a. O. S. 22 und Planck in 1. und 2. Aufl.

Beendigung der Verwaltungsgemeinschaft geltend machen.[1]) Da ferner der Mann, falls er verbrauchbare Sachen nach § 1377 Abs. 3 veräußert oder verbraucht hat, den Gläubigern gegenüber zum sofortigen Ersatze verpflichtet ist (§ 1411 Abs. 2), so kann der im Besitze des überwiesenen Anspruchs befindliche Gläubiger schon vor der Beendigung der Verwaltung und Nutznießung die Leistung des Ersatzes vom Manne verlangen.

Praktischerweise wird man diese Schwierigkeiten dadurch vermeiden können, daß der Gläubiger bereits durch das Prozeßgericht feststellen läßt, was eingebrachtes Gut ist und dann den Mann zur Duldung der Zwangsvollstreckung in die näher bezeichneten Gegenstände verurteilen läßt.

Besitzt der Gläubiger nur einen Titel gegen die Ehefrau, so ist gemäß §§ 750, 809 die Vollstreckung, soweit sie sich gegen im Gewahrsam des Mannes befindliche Sachen richtet, unzulässig und nach § 766 ZPO. anfechtbar.[2])

Ist der Ehemann selbst der Gläubiger, so kann er auf Grund des Titels gegen die Frau allein ohne weiters die Zwangsvollstreckung in das e. G. betreiben. Uebrigens wird diese Möglichkeit selten zur Anwendung gelangen, da die Bezahlung der Frauenschulden zur ordnungsgemäßen Verwaltung des e. G. gehört und der Mann mit der die Zustimmung der Frau ersetzenden Ermächtigung des Vormundschaftsgerichts über e. G. zum Zwecke seiner Befriedigung verfügen kann.[3])

§ 13.

Der Konkurs über das Vermögen der Ehefrau.

Bezüglich des Konkurses einer im Güterstande der Verwaltung und Nutznießung lebenden Ehefrau enthalten weder das BGB. noch die Konkursordnung (KO.) spezielle Vorschriften.[4])

---

[1]) s. Gaupp-Stein II S. 441, III; Seuffert II S. 366 ε. Die Ansicht Ullmanns a. a. O. S. 233, daß der Gläubiger mit der Anspruchsüberweisung nicht zum Ziele komme, da die Frau einen Anspruch auf Herausgabe der zum e. G. gehörenden Rechte gegen den Mann während der Dauer der Verwaltungsgemeinschaft überhaupt nicht habe, ist unzutreffend. Denn die Frau hat nach § 985 BGB. den Eigentumsanspruch auf Herausgabe der ihr gehörigen Sachen gegen den im Besitz derselben befindlichen Mann. Dieser kann zwar die Herausgabe nach § 986 verweigern, da er nach § 1373 zum Besitz der zum e. G. gehörigen Sachen berechtigt ist. Allein diese Einrede kann dem Gläubiger, dem der Anspruch der Frau überwiesen ist, nicht entgegengesetzt werden, da der Mann diesem gegenüber gemäß § 1411 die Zwangsvollstreckung in das e. G. zu dulden verpflichtet ist (s. Planck IV S. 196).

[2]) Walsmann a. a. O. S. 39; Falkmann a. a. O. S. 187; Gaupp-Stein II S. 442.

[3]) s. Seuffert II S. 367 δ.

[4]) Vgl. M. IV S. 259 und P. VI S. 767 ff.

Man kann drei verschiedene Fälle unterscheiden:

I. die Frau besitzt nur Vorbehaltsgut;

II. die Frau besitzt nur eingebrachtes Gut;

III. die Frau besitzt Vorbehalts- und eingebrachtes Gut.

I. An dem Vorbehaltsgut der Frau steht dem Manne das Nutznießungs- und Verwaltungsrecht nicht zu. Dagegen können sämtliche Gläubiger der Frau hieraus Befriedigung verlangen und zwar auch dann, wenn ihre Forderungen dem Manne gegenüber in Ansehung des e. G. unwirksam sind. Wird daher über diese Vermögensteile der Frau der Konkurs eröffnet, so stellt er sich als ein Sonderkonkurs über das Vorbehaltsgut der Ehefrau dar. Er vollzieht sich nach den Bestimmungen der Konkursordnung und bietet keinerlei Besonderheiten.

II. Infolge der Bestimmung des § 1366 BGB., wonach die ausschließlich zum persönlichen Gebrauche der Frau bestimmten Gegenstände Vorbehaltsgut sind, scheint der Fall, daß die Frau nur eingebrachtes Gut besitzt, selten einzutreten. Tatsächlich dagegen ist seine praktische Bedeutung insoferne keineswegs zu unterschätzen, als dieses Vorbehaltsgut gemäß § 811 ZPO. des öfteren der Pfändung nicht unterworfen und demgemäß (nach § 1 KO.) vom Konkursverfahren nicht umfaßt sein wird, der Konkurs sich daher nur auf das e. G. bezieht.

Das Recht des Mannes auf die Verwaltung und Nutznießung des e. G. findet in der KO. keine Erwähnung und läßt sich auch unter kein anderes der dort geregelten Rechtsverhältnisse subsumieren; insbesondere kann nicht ein Aussonderungsanspruch des Mannes gemäß § 43 KO. in Frage kommen,[1] da das e. G. Eigentum der Frau ist, während ein Aussonderungsanspruch nur dann begründet ist, wenn es sich um einen Gegenstand handelt, welcher dem Gemeinschuldner nicht gehört.[2]

Da sonach die Konkursordnung und auch das bürgerliche Gesetzbuch mit keinem Worte das Nutznießungs- und Verwaltungsrecht des Mannes im Falle eines Konkurses über das Vermögen der Ehefrau erwähnen, so ergibt sich hieraus als notwendige Folge, daß durch den Konkurs als solchen eine besondere Beeinträchtigung der ehemännlichen Rechte nicht herbeigeführt, dieselben vielmehr nur insoweit durch den Konkurs beeinflußt werden können, als sie nach den allgemeinen Grundsätzen durch die Geltendmachung einer Forderung, für welche das e. G. haftet, in Mitleidenschaft gezogen werden.

Es können daher jene Bestimmungen der KO., die eine größere Beeinträchtigung des ehemännlichen Verwaltungs- und Nutznießungsrechtes herbeiführen würden als dies dann der Fall wäre, wenn ein Gläubiger ohne Konkurseröffnung Befriedigung aus

---

[1]) Seuffert a. a. O. S. 91 gibt dem Manne auf Grund seines Nutznießungs- und Verwaltungsrechtes ein Aussonderungsrecht.

[2]) s. Jaeger a. a. O. Anm. 1 zu § 43; Fitting a. a. O. S. 23.

dem e. G. verlangen würde, nicht zur Anwendung gelangen. Nun erschöpft sich aber die Beschränkung des ehemännlichen Rechtes darin, daß der Ehemann für eine Forderung, welcher das e. G. verhaftet ist, die Zwangsvollstreckung dulden muß und da auch der Konkurs nur in einem Zwang gegen den Schuldner besteht, so muß daher der Ehemann auch diese Art der zwangsweisen Befriedigung dulden, so daß jeder Gläubiger, wenn die Voraussetzungen der Konkurseröffnung gegeben sind, auf diese Art auch wider den Willen des Ehemanns Befriedigung verlangen kann.

Trotzdem ergibt sich die Tatsache, daß die Eröffnung des Konkurses gegen den Willen des Mannes über das Vermögen der Ehefrau, die nur e. G. besitzt, unmöglich ist.[1])

Dieses Resultat ergibt sich aus folgenden Erwägungen.

Der Gläubiger, welcher den Antrag auf Eröffnung des Konkursverfahren stellt, hat gemäß § 105 die Zahlungsunfähigkeit der Ehefrau, sowie seine Forderung glaubhaft zu machen. Ein weiteres verlangt das Gesetz zwar nicht, allein es erhellt, daß in diesem Falle auch noch die Behauptung hinzukommen müßte, daß der Ehemann wegen dieser Forderung die Befriedigung aus dem e. G. zu dulden habe. Gegen eine daraufhin erfolgende Konkurseröffnung stünde lediglich dem Gemeinschuldner, also der Ehefrau, die sofortige Beschwerde zu (§ 109), obwohl doch zweifellos aus Billigkeitsgründen auch der Mann zu hören wäre, da es sich ja um Beschränkung seiner Rechte handelt. Allein selbst wenn man dem Manne das Beschwerderecht (aus § 1380 BGB.) gewähren wollte, so würde hiemit nichts erreicht, da er die Beschwerde dann nur aus dem Rechte der Frau einlegen, damit aber nicht durchdringen könnte, weil der Frau gegenüber die Konkurseröffnung ja zu Recht erfolgt ist. Der Mann hätte daher, selbst wenn die Forderungen der das Konkursverfahren betreibenden Gläubiger ihm gegenüber in Ansehung des e. G. überhaupt keine Wirkung äußern könnten, kein Schutzmittel und sein ehemännliches Verwaltungs- und Nutznießungsrecht würde auf diese Weise völlig umgangen werden können, da sich auch im späteren Verfahren keine Handhabe bietet und insbesondere auch eine Feststellungsklage dahin, daß wegen der Forderung des antragstellenden Gläubigers Befriedigung aus dem e. G. nicht verlangt werden kann, nicht zum Ziele führen würde.

Damit wären die Schwierigkeiten, die sich dem Konkursverfahren entgegenstellen, jedoch noch keineswegs erschöpft. So müßte vor allem die durch § 105 geforderte Glaubhaftmachung der Zahlungsunfähigkeit der Frau erfolgen. Zahlungsunfähigkeit ist aber im gegebenen Falle, wenn nur e. G. in Frage steht, lediglich dann vorhanden, wenn jene Forderungen, für deren Befriedigung das e. G. haften muß, fällig sind und das e. G. zu ihrer Tilgung nicht hinreicht. Aus diesem Grunde müßte daher auch eine Glaub-

---

[1]) Vgl. Ullmann a. a. O. S. 245 ff.

haftmachung dahingehend gefordert werden, daß der Ehemann wegen sämtlicher in Betracht kommender Forderungen, nicht nur wegen jener der das Verfahren beantragenden Gläubiger die Befriedigung aus dem e. G. dulden müsse. Für eine solch ausdehnende Auslegung des § 105 bietet sich jedoch keine Handhabe. Wollte man aber auf diese weitgehende Glaubhaftmachung verzichten, so müßte man auch dann die Zulässigkeit des Konkurses für gegeben erachten, wenn ein Gläubiger, dessen Befriedigungsanspruch aus dem e. G. glaubhaft gemacht wird und zu dessen Berichtigung das e. G. auch völlig ausreichen würde, den Konkurs beantragt, während es von den übrigen Gläubigern völlig unbekannt ist, ob für ihre Forderungen das e. G. überhaupt haftet. Man müßte es also überhaupt dahingestellt sein lassen, ob noch andere Vollschulden[1]) vorhanden sind oder nicht. Ein solches Vorgehen stünde jedoch mit dem ganzen System der Verwaltungsgemeinschaft im Widerspruch, da es das ehemännliche Verwaltungs- und Nutznießungsrecht völlig illusorisch machen würde. Denn auf diese Weise könnte der Ehemann selbst dann zur Preisgabe seines Rechtes gezwungen werden, wenn auch nur ein vollberechtigter Gläubiger vorhanden wäre, zu dessen Befriedigung das e. G. völlig ausgereicht hätte.

Würde man sich daher bezüglich der Forderung des Antragstellers mit der Glaubhaftmachung begnügen und daraufhin den Konkurs eröffnen, so müßte doch auch der Ehemann innerhalb des Verfahrens die Gelegenheit zum Nachweise haben, daß es sich überhaupt nicht um Forderungen handle, für welche das e. G. verhaftet sei, daß er daher eine zwangsweise Befriedigung aus dem e. G. zu dulden gar nicht verpflichtet sei. Allein der Mann steht völlig außerhalb des Konkursverfahrens und es bietet sich daher, wie schon oben erwähnt, eine solche Möglichkeit nicht.

Noch schwieriger gestaltet sich die Sache, wenn die Ehefrau selbst, gemäß § 104, den Antrag auf Eröffnung stellt, da es in diesem Falle äußerst zweifelhaft ist, welche Nachweise sie erbringen soll, wenn der Konkursrichter das Vorhandensein des Konkursgrundes nachprüfen will.

Hat der Ehemann das e. G. in seinem Besitz (§ 1373 BGB.) und weigert er sich, dasselbe dem Konkursverwalter zu überantworten, so bleibt dem Verwalter nichts anderes übrig, als gegen den Ehemann Klage auf Herausgabe zu erheben. Allein der Ehemann kann dieser Klage gegenüber jederzeit geltend machen, daß keine Verbindlichkeiten der Frau bestehen, für die das e. G. zu haften hat und ein in dieser Richtung erbrachter Nachweis müßte zur Abweisung der Klage führen. Das gleiche wäre der Fall, wenn dem Manne der Nachweis gelänge, — und diesen zu führen müßte ihm doch gestattet sein — daß das e. G. zur Deckung der

[1]) = Schulden, für welche das eingebrachte Gut haftet (nach Cosack, Bürgerl. Recht II § 285).

Vollforderungen ausreiche. In beiden Fällen müßte es zu einer Einstellung des Konkursverfahrens kommen.

Da es jedoch hiefür an allen gesetzlichen Bestimmungen mangelt, so muß hieraus der schon oben angeführte Schluß gezogen werden, daß eine Konkurseröffnung über das Vermögen der Ehefrau wider den Willen des Ehemanns, soferne sie nur e. G. besitzt, nach Lage der gesetzlichen Bestimmungen nicht möglich ist.

III. Zu anderen Ergebnissen gelangt man, wenn die Frau, wie es ja die Regel bildet, sowohl Vorbehaltsgut als auch eingebrachtes Gut besitzt.

Hier ist nur der eine Fall zu berücksichtigen, daß der Konkurs über das Vermögen der Frau während des Bestehens der Verwaltungsgemeinschaft eröffnet wird, da sich nur hier Schwierigkeiten ergeben. Denn solchenfalls können zwei Klassen von Gläubigern in Betracht kommen, von denen sich die eine ohne weiteres an das gesamte Frauenvermögen halten (sog. Vollgläubiger), während die andere Klasse nur aus dem Vorbehaltsgut Befriedigung verlangen kann (Vorbehaltsgläubiger). Zu diesen Vollschulden der Frau zählen ihre sämtlichen vor Eintritt der Verwaltungsgemeinschaft begründeten Verbindlichkeiten; die später entstandenen dagegen nur in den Grenzen der §§ 1412—1414 BGB.

Hinsichtlich der Voraussetzungen und des Verfahrens bis zur Eröffnung des Konkurses treten keine Abweichungen von den allgemeinen Bestimmungen ein; jedoch ist bei der Prüfung der Voraussetzung für die Eröffnung des Verfahrens lediglich das Vorbehaltsgut zu betrachten, während das e. G. außer Berücksichtigung bleiben muß. Demnach liegt Zahlungsunfähigkeit vor, wenn die Ehefrau außerstande ist, ihre fälligen Schulden aus dem Vorbehaltsgut zu begleichen. Ob die Gläubiger auch aus dem e. G. Befriedigung suchen können, bleibt außer Betracht, weil hiedurch einerseits die Haftbarkeit des Vorbehaltsgutes nicht beschränkt wird und es andrerseits nicht möglich ist, die Eigenschaft von Forderungen als solchen, für die aus dem e. G. Befriedigung verlangt werden kann, zu berücksichtigen.

Der Konkurs wird gemäß § 1 KO. über das gesamte Vermögen der Ehefrau, also sowohl über das Vorbehaltsgut als auch über das eingebrachte Gut eröffnet; über letzteres jedoch nur insoweit, als nicht das ehemännliche Verwaltungs- und Nutznießungsrecht, welches durch die Konkurseröffnung nicht beseitigt wird, entgegensteht. Regelmäßig wird nun der Ehemann das e. G. besitzen (§ 1373 BGB.) und es ergibt sich daher, daß der Konkursverwalter zur Durchführung des Verfahrens in Ansehung des e. G. den Ehemann zur Ausantwortung desselben zwingen muß. Dabei ist davon auszugehen, daß der Ehemann den Konkurs ebenso zu dulden hat wie den Einzelangriff der Vollgläubiger (§ 1411 BGB.). Haben daher die Gläubiger bereits Urteile in Händen, auf Grund deren sich ihre Forderungen als Vollschulden erweisen und wird das e. G. gänzlich durch diese Forderungen aufgezehrt, so darf der Mann die Herausgabe des e. G. zur Konkursmasse nicht verweigern. Insoweit wird daher sein ehemännliches Verwaltungs- und Nutznießungsrecht vernichtet. Wird dagegen das e. G. durch die Vollforderungen nicht völlig aufgebraucht, so bleibt der Ehemann befugt, sein Nutznießungs- und Verwaltungsrecht insoweit auszuüben, als das e. G. nicht durch die Vollforderungen in Anspruch genommen wird. Der Konkursverwalter erscheint jedoch mangels einer gesetzlichen Bestimmung auch nicht befugt, die Herausgabe eines Teilbetrags des e. G. zu verlangen.

Haben dagegen die Gläubiger keine Urteile erwirkt, so muß der Konkursverwalter den Nachweis führen, daß die Verbindlichkeiten der Frau Vollschulden sind. Wird dann durch diese Vollforderungen das e. G. aufgezehrt, so kann der Verwalter die Herausgabe des e. G. erzwingen; absorbieren dagegen die Vollforderungen das e. G. nur zum Teil, so versagen die Bestimmungen der KO.

Befindet sich das e. G. nicht im Besitze des Ehemannes, sondern ist dasselbe vielmehr in den Gewahrsam des Verwalters gelangt, so kann der Ehemann sein Recht aus § 1373 BGB. auch dem Verwalter gegenüber geltend machen. Der Ehemann wird unterliegen, wenn dem Verwalter der Nachweis gelingt, daß die Vollforderungen das e. G. völlig aufzehren, dagegen mit seinem Anspruch durchdringen, wenn Vollforderungen in diesem Umfange fehlen, da in diesem Falle das ehemännliche Nutznießungs- und Verwaltungsrecht nicht geschmälert werden darf.

Außerordentlich bestritten ist der Fall, wenn sowohl Vorbehalts- als auch Vollgläubiger vorhanden sind.

Das Recht, der Befriedigung der Vorbehaltsgläubiger aus dem e. G. zu widersprechen (§ 1363, 1373 BGB.) hat lediglich der Ehemann, dagegen stehen einem solchen Zugriffe der Vorbehaltsgläubiger auf das e. G. keine Rechte der Vollgläubiger oder der Frau entgegen, da die Scheidung des Frauenvermögens in Vorbehaltsgut und eingebrachtes Gut nur im Verhältnis der Ehegatten zueinander in Betracht kommt.[1]) Ist daher der Mann damit einverstanden, daß Vorbehalts- und Vollschulden einander gleichgestellt werden, so bildet das gesamte Frauenvermögen eine einheitliche Konkursmasse, aus welcher ohne Unterschied Vorbehalts- und Vollgläubiger Befriedigung finden.

Anders dagegen ist es, wenn der Mann nicht verzichtet. Wären in diesem Falle nur Vorbehaltsgläubiger da, so könnte die Herausgabe des e. G. nicht erzwungen werden, da der Mann ja auch die Einzelvollstreckung nicht zu dulden braucht.

Wären nur Vollgläubiger vorhanden, so könnte der Konkursverwalter, wie oben dargelegt, die Herausgabe verlangen, wenn ihre Forderungen das e. G. aufzehren würden.

Dies gilt auch, wenn außer den Vollgläubigern bloße Vorbe-

---

[1]) **Jaeger** a. a. O Anm. 34 zu § 2; **Ullmann** a. a. O. S. 254.

haltsgläubiger vorhanden sind und die Vollschulden das e. G. absorbieren. In diesem Fall ist es herauszugeben und bildet mit dem Vorbehaltsgut eine einheitliche Masse, aus welcher beide Arten von Gläubigern gleichmäßig befriedigt werden. Denn der Unterschied zwischen Vorbehalts- und eingebrachtem Gut ist nur durch das Güterrecht geschaffen und äußert demgemäß seine Wirkung auch nur solange, als die Verwaltungsgemeinschaft besteht. Tritt daher das Recht des Mannes auf das e. G. hinter den stärkeren Rechten der Vollgläubiger zurück, so ist die Schranke gefallen, welche zwischen Vorbehalts- und eingebrachtem Gut bisher errichtet war. Der Frau gegenüber sind beide Klassen der Gläubiger vollberechtigt; die Frau hat daher kein Recht, einen oder den andern der Gläubiger auf das Vorbehalts- oder das eingebrachte Gut zu verweisen und ebensowenig können die Vollgläubiger dem Zugriff der Vorbehaltsgläubiger auf das e. G. wehren, da lediglich das jetzt weggefallene Recht des Ehemannes der Befriedigung der Vorbehaltsgläubiger aus dem e. G. bisher entgegenstand.

Dies ist jedoch nur der Fall, wenn die Vollschulden das e. G. aufzehren. Solange dagegen das e. G. noch die Mittel zur Deckung der Vollschulden besitzt, ist dieses Verfahren nicht möglich. Denn dann braucht der Ehemann lediglich die Einzelvollstreckung zu dulden und kann nach Lage der Gesetzgebung zur Herausgabe an den Konkursverwalter nicht gezwungen werden.[1])

---

[1]) Diese Fragen sind sehr bestritten. Wie im Text: Jaeger a. a. O. Anm. 32 zu § 2; Ullmann a. a. O. S. 242 ff.; Fitting a. a. O. S. 167 f.

a. A. die Mehrzahl der Schriftsteller; bes. Planck § 1411 Anm. 10; Kleinfeller Note 7 zu § 2. Diese nehmen an, daß beim Vorhandensein von Gläubigern beider Klassen zwei gesonderte Massen gebildet werden müssen.